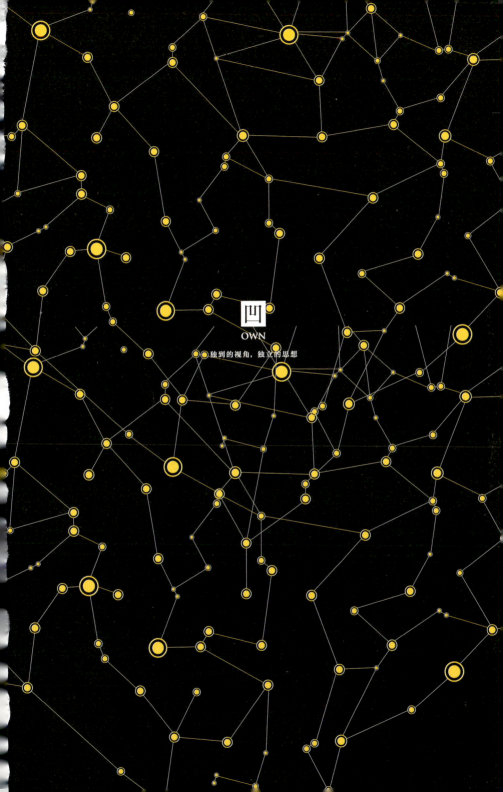

凹
OWN

独到的视角，独立的思想

对外经济贸易大学成都研究院、区域国别研究院中德经贸文化中心项目

首都对外文化贸易研究基地资助项目

DIGITALER
WOHLSTAND
FÜR ALLE

钟佳睿　陈星　等／译
冯晓虎　谢琼／校译

不安的
变革

数字时代的
市场竞争与大众福利

Ein Update der Sozialen
Marktwirtschaft ist möglich

［德］阿希姆·瓦姆巴赫
　　　　　　　　　　　　／著
［德］汉斯·克里斯蒂安·穆勒

Achim Wambach
Hans Christian Müller

社会科学文献出版社
SOCIAL SCIENCES ACADEMIC PRESS (CHINA)

出版说明

　　这本既有学术价值又面向大众写作的通俗著作的出版，离不开各方的大力支持和辛勤劳动。

　　本书翻译由对外经济贸易大学中德经贸文化中心主任冯晓虎教授统筹。其中，前言和第5章的译者是陈星，第1、6章的译者是李梦璐，第2章的译者是付绘霖，第3章的译者是周冰，第4章的译者是钟佳睿。冯晓虎教授对全书译文进行了审读，北京第二外国语学院德语系的谢琼教授对全书进行了细致的审读和校译。

　　另外，感谢中国社会科学院学部委员周弘和中金公司首席经济学家彭文生为本书译名提供的宝贵意见。

序 驾驭数字化变革的德国视角

"社会市场经济"的理论和实践出现在第二次世界大战后的德国,当时的德国被米尔顿·弗里德曼(Milton Friedman)称为"最不可能向市场经济转型的欧洲国家"。但就是在二战后的断垣残壁中,时任德国联邦经济部长的路德维希·艾哈德(Ludwig Erhard)提出并践行了一系列引入市场和竞争机制的政策主张,并与他的同事共同构建了一套"社会市场经济"的理论体系。这些由政策、主张、概念共同构成的独特理论既是对德国战前和战时经济社会的深刻反思,也孕育并导引了德国在两次战败后的重生。它既带有浓烈的"德国特色",是"德国模式"的根基,同时又以市场经济为内核,将市场和竞争作为衡量经济社会政策的基本尺度。"社会市场经济"作为一种理念,先是体现在 1949 年的《德意志联邦共和国基本法》中,后又在 2007 年被写进了欧盟的《里斯本条约》,成为"欧洲模式"的核心理念。

在 2019 年出版的《社会市场经济——兼容个人、市场、社会和国家》一书中，我们几位中德合作者曾尝试还原了"社会市场经济"的形成过程，追踪了德国社会市场经济及相关学派的发展脚步。历史给予艾哈德的使命是在从未实行过市场经济的国度里引入市场机制，推动有利于市场的竞争秩序和规则，打破垄断、卡特尔和政府对市场的片面和不当干预。所以，艾哈德要做的首先是确立市场经济的内核。艾哈德认为，个人要在竞争的环境中为自己的行为负责。"社会"是社会市场经济的题中应有之义，倘若竞争的市场秩序可以避免垄断，那么市场经济本身就是社会的。市场经济秩序不仅更加有效率，而且有条件去帮助那些没有能力自我帮助的人。

诚然，要使市场经济在二战后的德国真正运行起来，还需要界定一套由竞争机制、个体责任和社会救助构成的完整体系。弗莱堡的经济学家瓦尔特·欧肯和法学家弗朗茨·伯姆等人阐述了适合于"社会市场经济"的秩序体系，这就是德国的"秩序自由主义"。这种秩序体系把经济制度和社会制度看作"相互依存关系"[1]。人的自由（而非国家机器）才是终极目的，因为自由的人可以释放出真正的生产力。在国家机器进行调控并防止个人滥用自由权利的时候，保护个人作为终极目的也不能被须臾忘记："通过价格竞争制度、取消社会特权"，"可以保

---

1 瓦尔特·欧肯：《什么样的经济和社会系统？》，载于朱民、周弘、拉斯·菲尔德和彼得·荣根主编《社会市场经济——兼容个人、市场、社会和国家》，中信出版社，2019，第 13 页。

护人民免受这种威胁"[1]。后来，阿尔弗雷德·穆勒-阿尔马克于1947年提出了"社会市场经济"这个用词，用以概括上述理论思考。他后来解释说："过分强调以竞争秩序作为制定经济政策的手段太片面。因此，除了竞争秩序，我还建议纳入社会及社会-政治体制，但要采取遵从市场规则的措施。"[2]上述这一系列的发展使得"社会市场经济"更具有系统性和现实性。

1948年，艾哈德决定在"社会市场经济"的旗帜下实行德国的币制改革，"社会市场经济"遂成为联邦德国系列改革政策的总称。这种社会市场经济模式在20世纪40年代末到50年代初造就了联邦德国的经济繁荣。显而易见，这种制度模式不同于英国在同时期实行的凯恩斯主义。

"社会市场经济"在德国获得了历史性的成功，但这套理论并非一成不变。它从诞生之日起就强烈吸引着德国的经济学家、法学家、社会学家和政治学家的思考，他们根据德国的经济社会和政治实践以及时代变迁，将社会市场经济的实践扩大到工业社会的竞争政策、利率和投资政策以及就业政策等领域，不断丰富着"社会市场经济"的内涵，并将社会市场经济的内核延展到社会生活的各个支脉，使经济和社会相协调的整体性真实地凸显出来。

---

1 原文中，"这种威胁"指被集体和政府剥削的威胁。参见弗朗茨·伯姆《市场经济中的法治》，载于朱民、周弘、拉斯·菲尔德和彼得·荣根主编《社会市场经济——兼容个人、市场、社会和国家》，中信出版社，2019，第55页。

2 参见朱民、周弘、拉斯·菲尔德和彼得·荣根主编《社会市场经济——兼容个人、市场、社会和国家》中拉斯·菲尔德和彼得·荣根的序言《社会市场经济的源起》。

艾哈德说过，"每次讨论这个问题时，我总会很自然地遵循这样一个原则，看它是仅仅通过数量调节来解决商品供给与需求之间的矛盾，还是能够发现问题的根本。"[1]七十多年过去了，每当我们读到这段文字以及艾哈德自己的解释时，还可以感受到艾哈德本人在那些"原则"问题和"根本"问题上的小心翼翼和如履薄冰。例如，他认为在个人和社会之间存在"固有的紧张关系，永远都无法通过否认和放弃任意一方来缓解"，既不能粗暴地拒绝个人的自主选择，也不能简单地全面地放弃经济调控。"社会市场经济"的倡导者于是就努力地寻找黄金平衡点："我们必须非常认真地探讨，为了使市场再次形成竞争和自由价格机制，调控应当从哪些行业开始，又应当以怎样的顺序进行？"必须找到适应更高的社会秩序原则和方式，不能听任"负责分配的初级官员"，因为他们"采取的调控措施……必然会破坏经济秩序"[2]。

在艾哈德领导的经济改革计划中，无论是对主要食品和基本原料的定量配给，还是后来根据形势的变化做出的结束价格控制的决定，每一个步骤、每一项政策体现的都不是简单的数量平衡，而是个人、社会、国家之间关系的适度平衡，一种以

1　〔德〕路德维希·艾哈德：《经济改革计划（1948）》，载于朱民、周弘、拉斯·菲尔德和彼得·荣根主编《社会市场经济——兼容个人、市场、社会和国家》，中信出版社，2019，第73页。

2　〔德〕路德维希·艾哈德：《经济改革计划》（1948），载于朱民、周弘、拉斯·菲尔德和彼得·荣根主编《社会市场经济——兼容个人、市场、社会和国家》，中信出版社，2019，第74~75页。

个人为主体，同时又适合个人发展和社会安定富足的整体关系体系，一种以市场为核心、国家帮助市场公平运行的整体的关系体系。这个整体的发动机是市场配置资源，而国家应当尽可能避免干预经济。国家的责任是通过建立秩序，制定竞争政策，进行经济结构调整，保证竞争的公平性和合理性，使市场不会被"丛林法则"支配。当然，国家还要通过社会政策弥补市场的缺漏，例如通过社会政策、就业政策、教育政策等保障市场经济参与者之间的公平，也使大众福利大幅增长。

我们距离艾哈德的时代已经半个多世纪了。其间，世界发生了巨大的变化，经济和社会都变了。德国的主流经济学家依然认定艾哈德的基本思想是正确的，德国奉行的依然是"社会市场经济"。在这本德文原书名可直译为《数字时代下的大众福利——社会市场经济数字化转型的可行之路》的新书中，两位德国作者将我们正在经历着革命性变化的时代称为"数字时代"，并讨论了在数字时代"社会市场经济"的变与不变。

没错，数字改变了人类的生活和工作常规，智能手机的应用只是这些变化的冰山一角。这场革命引起的变革无所不包，现在还很难全景式地设想出，在移动互联网、大数据、云存储、人工智能、区块链等信息技术爆炸式发展条件下，全球各个角落的人们的日常生活将会发生哪些具体的、根本性的变化，这些变化将会如何颠覆人们已经习惯的各种制度、习俗、理念。人类面对着新的未知世界，而本书的作者恰恰是在这样一个合适的时间点，将一个合适的问题明白无误地展现在我们面前：

在数字时代，如何延续大众福利增长的故事？"社会市场经济"在数字时代是否仍然有效？如何发挥效能？是否需要调整？怎样调整？这是时代赋予我们的问题，也是本书要回答的问题。

作者在书中指出，数字化是活力和机遇。数据是"第一生产力"，新技术带来新的经济和财富增长。大数据使供应能更加精准地针对需求，使产品变得物美价廉。大数据改变了工业生产、物流业、农业、保险业乃至社会生活。大数据还催生了共享经济，使得计费和分享变得空前容易。所以，人们常说，数据是新型的石油，是经济的润滑剂。作者认为，如果艾哈德再世，会判定在当今时代，市场经济的基础并没有改变，商品交换和经济组织仍是市场力量自由博弈的结果。但是艾哈德和他的同事会对市场的不透明感到惊讶，对新技术造成的新垄断感到担忧。他们会认为，垄断利润超出了平均水平，垄断者获得了过大的市场权力，而持续、纪律严明的竞争被削弱了。

发生改变的不仅是工作形态、竞争方式和价格形成机制，还有劳资关系、社会关系和产权形式。就业市场的个性化在数字时代日益显现，这一趋势正在蚕食作为社会市场经济主要特征之一的"社会伙伴关系"。"社会市场经济"的设计者们曾经创建了市场纠错机制，即通过国家再分配、社会保障体系和工资集体协议制度，形成了开始是德国的、后来也是欧洲的"社会伙伴关系"。这种由雇主和雇员（有时也有政府参与）共同决定的相互妥协型的关系，在数字时代由于网络自由职业者取代传统的大工业劳动关系而趋于弱化。公共养老金制度也受到了挑战。自由职业者可以成为自己的雇主，也可以选择自主养老。但是，倘若这一代人不能很好地解决养老储蓄不足的问题，那么新的社会问题（包括老年贫困）将十分突出。而社会福利国家的根基也将因为上述改变而逐渐无力帮助那些需要帮助的个人。

简言之，在数字时代，艾哈德和他的同事构建的"社会市场经济"的一些基本原则仍然存在（例如，市场竞争原则依然有效），但是作为一种制度体系的"社会市场经济"已经千疮百孔，需要重组或修补。政府有责任帮助个人做好迎接数字时代的准备。同时，政府也有责任坚持秩序原则，建立针对数字经济的完善的监管制度，减少不正当竞争，促进福利健康成长，并帮助传统行业平稳转型。作者认为，在艾哈德的时代，每个人都会分享经济增长的成果，到了数字时代，每个人都应该对数字化的力量抱有希望，因为每个人都有可能从中受益。这些希望和可能的最终实现取决于现在的决定和努力。

数字时代的脚步正在向前迈进，它可能更好地造福人类，也可能被滥用。作者用明快的语言反复提醒读者，在数字时代要保护企业和个人，防止少数人获得过多权力。在竞争政策、税收政策等领域要进行干预。同时，有鉴于未来劳动力市场个体化的趋势，国家要保护个人，帮助个人依靠自己的力量接触市场、参与数字化、跟上经济转型的步伐，国家也要持续增加大众的福利，使人们的生活更便捷、更愉快，甚至更长寿。

在此向两位德国作者表示诚挚的敬意，感谢他们提出了一个引人深思的时代问题，也感谢他们将科学理论与大众语言巧妙地结合起来。还要感谢译者和社会科学文献出版社的编辑，因为有他们的努力，中国读者才能享受到阅读此书的愉悦。

周　弘

中国社会科学院学部委员

2020 年 4 月 10 日

序　以大众福利为锚　引导数字经济发展

　　数字经济一般是指基于数据运算和互联网技术应用的经济活动。过去二十年里，数字经济快速融入经济和社会的方方面面，便利了人们的生产和生活。像会议应用让远程交流变得顺畅；电商、外卖应用让购物更加便捷；短视频平台让碎片化娱乐成为可能。2020年一场突如其来的新冠肺炎疫情，更加促进了远程办公、远程教育、远程医疗等所谓无接触经济模式的发展。

三个关注点

　　和历史上的技术进步一样，数字经济的发展提高了资源配置的效率，改善了我们的生活，但同时也带来一些争议，在三个方面尤其突出。首先是垄断问题。在数字经济发展的初期，各个领域都存在较多的竞争者，但随着时间的推移，在一些领域往往是一两个科技巨头占据主导地位，包括社交平台、搜索引擎、视频运营商等。科技巨头往往通过收购一些创新企业来巩固自己的行业地位，由此引发的一个担忧是这些巨头的市场地位是否导致垄断、损害竞争和创新。

其次，数据的广泛应用带来隐私保护问题。当人们安装手机应用程序时，应用客户端通常会弹出一个征求"同意"的条款声明，这些条款往往冗长难懂、字体细小，却都包含着数据使用的授权协议。为了使用该程序，用户除了点击"同意"别无他法。当人们使用手机时，数据被源源不断地上传到相关应用的服务器上，虽然很多人意识到私人数据被采集，但对哪些数据被采集，以及这些数据被如何使用却一无所知。数据采集和使用的"黑箱"，让民众在防范隐私泄露方面丧失了主动权。

最后，数字经济有可能加剧社会贫富分化。一些新的商业模式产生"创造性毁灭"的效果，对相关的传统行业造成冲击，带来线上和线下模式的收入分化。从更广意义来看，数字经济模式存在"赢者通吃"的问题，出现"明星经济"（企业和个人）的现象，拉大了收入差距。

那么我们该如何趋利避害？什么是最优的数字经济发展模式？德国人王安信和穆勒 2018 年所著的这本《不安的变革》提供了一个有意思的视角。这本书的原书名源自 1957 年德国"社会市场经济之父"路德维希·威廉·艾哈德的著作《大众福利》。艾哈德于 1949~1963 年任德意志联邦共和国经济和劳动部部长，于 1963~1966 年任联邦德国总理，他践行社会市场经济理论，带领战后支离破碎的德国崛起，见证了著名的"经济奇迹"时代。

艾哈德所主张的社会市场经济理论，强调保护私有产权制度的重要性，认为自由竞争是市场经济的主要支柱和社会进步的最好手段，判断制度的好和坏，取决于其能否促进人们的社会福利，而自由竞争是人们福利提高的源泉。但艾哈德同时认为自由市场不应该是放任的，竞争必须在一定的社会秩序内进行，主张社会建立的经济结构要能使大多数人都享受到经济繁荣的成果，以实现社会公正即"经济人道主义"。

本书希望将德国的"社会市场经济理论"应用到数字经济时代，为好的经济发展模式提供一个标准，即数字经济的发展要促进社会福利的最优化，而社会福利最优化的源泉则是要保持数字经济充分竞争。两位作者分别从数字经济背景下的垄断和监管、数据的特殊属性、对就业市场的冲击和新旧商业模式的影响四个角度，探讨了数字经济发展可能的"正确路线"。本书的结论相对开放，特别是针对数据作为生产要素时所具有的不同特点、对新经济如何公平征税等，有一些有趣的观察和思考。

本书对我们思考上述的数字经济发展面临的三个问题有借鉴意义。要促进数字经济和社会的协调发展，要以增加大众的福利为出发点，维护良好的市场竞争环境和社会秩序。这三个问题中，社会贫富差距加大是分配问题，按照社会市场经济理论的"经济人道主义"原则，可以通过调整社会

序 以大众福利为锚 引导数字经济发展 一

"秩序"来解决。而如何处理好垄断与竞争的关系，以及如何保护消费者隐私权益，在数字经济的背景下，情况可能要复杂得多。

垄断与竞争

就垄断而言，数字经济模式下判断企业是否有垄断行为并不简单，而采取何种监管手段来防止和纠正垄断则更需创新思维。

首先，数字技术的应用有一个悖论，技术进步和商业模式的创新增加竞争，提升效率，但一旦竞争胜出就可能出现赢者通吃的局面，削弱竞争甚至导致竞争消失。这是因为数字产品和服务具有非排他性，复制成本低甚至边际成本为零，由此带来规模经济与范围经济，可降低成本、提高效率，但也可能形成壁垒阻碍竞争。尤其是跨产品、跨市场的范围效应使得按产品的市场份额判断垄断的传统方法变得有争议，增加了事前监管的难度。

此外，价格变化作为判断是否存在垄断的参照指标，在数字经济时代也遇到挑战。传统实践中，判断一个企业是否具有垄断行为，一个重要标准就是看该企业是否利用其市场地位提高价格，损害消费者福利。但是在数字经济的新模式下，很多科技企业名义上对消费者收取的费用为零，比如搜索引擎对消费者是免费的。

数据是一个重要但又特殊的生产要素，企业的盈利可以利用收集的数据来变现，但是数据的公允价值却难以确定，对不同主体而言价值不同。那我们可否使用企业的盈利变化作为参照物来判断其有没有滥用垄断力呢？这同样面临困难，科技企业可以通过各种方式将盈利转移到其他避税地区，为了获得税收优势，其所在地的盈利状况往往不能反映真实情况。

基于传统的价格和市场份额指标可能失效，事前监管面临挑战，那么垄断是不是数字经济时代的一个突出问题、阻碍创新和进步呢？我们可以不必这么悲观，数字经济的竞争与垄断是动态的，零边际成本意味着社会流动性增加，有利于创业和创新，意味着赢者通吃不是静态的。

纵观数字经济发展的历史，科技领域的创新一直在持续。20世纪90年代，雅虎网站被指责为垄断，有人认为按照雅虎的发展趋势，未来其他的搜索企业将没有办法生存，应该给予事前性质的反垄断监管。但事实证明，谷歌的搜索引擎推出之后，很快就超越了雅虎；微软的IE浏览器也曾经历同样的指责，但如今也让位给Chrome。类似的例子在中国也不鲜见，电商平台京东与淘宝并没有阻止拼多多的快速崛起，同样爱奇艺、优酷也没有阻止抖音成为世界级的流行应用平台。

相反，如果监管基于对未来的预测，提前就对科技巨头进行垄断惩罚，甚至有可能会限制新的潜在创新，比如当年如果限制了雅虎搜索引擎的发展，那么谷歌可能就不会投入到新的搜索引擎的研发上。那么在数字经济时代，垄断是不是就不是问题呢？如果我们看大型平台公司的影响力，答案恐怕不是简单的"是"和"不是"，我们也不能简单地否定监管的必要性。

接下来的问题是在数字经济时代我们能不能对企业的垄断行为进行有效监管？答案也许并不悲观，但我们需要创新思维。近年来学术界提出一种可能，就是从数字经济最重要的生产要素数据出发，降低数据使用的垄断。监管层可以对不同的科技公司基于自身收集的数据做出互操作性的要求（interoperability mandate），也就是实现一定程度的数据共享。如果数据的生产力具有规模效应，那么收集数据的过程就是在奖励先行者，这损害了消费者的利益，因为消费者只能被迫选择最先收集数据的公司，而无法选择其他可能提供更好服务的公司。一旦数据具有一定的互操作性，那么就能减缓后来者的竞争劣势。

当然这样的监管机制需要防止对创新的抑制。按照熊彼特的创新理论，垄断和创新有天然的联系，没有一定的垄断收益，就不会有创新的动力。技术进步或创新带来的市场影响力或行业集中度上升使得创新者获得超额收益，但这是和效率的提升联系在一起的。总之，反垄断监管在数字经济时代遇到新的挑战，各国还在摸索建立有效的机制，在维护自由市场运作的同时，也要根据具体情况做出调整，防止赢者通吃变成创新的阻碍。

隐私保护

上述的数据互操作性和共享带来消费者数据被滥用的担心。从更广意义来讲，消费者隐私保护日益成为数字经济的一个关键问题，有很大的争议。关于是否应该加强隐私保护分为两派。一派以芝加哥学派为代表，认为完全信息有助于提高市场效率，而个人有可能隐瞒自己的负面信息，这些行为会转嫁成其他市场参与者的成本。真实信息的流动受阻将导致经济资源和生产要素最终被低效利用，进而降低社会福利。另一派支持隐私保护，认为个人的行为动机具有复杂性，芝加哥学派背后的利己行为假设并不准确。如果不保护隐私，科技企业可以利用收集的数据推测消费者偏好，从而实施价格歧视，导致消费者剩余被企业拿走。此外，科技企业还可以将消费者的数据二次出售给第三方，但消费者却无法分享任何收益，甚至可能承担数据被滥用的风险。按照这个逻辑，对个人隐私数据进行保护有助于提高经济效率和社会福利。

两派的不同观点并不是空洞的理论争议，数字经济的快速发展对个人信息的隐私保护提出了迫切的要求。为了获得更好的服务，消费者向出行、购物、社交等各类互联网平台提供了大量的数据，也就是说人们在多数时候愿意用隐私"交换"效率。从实名信息的认证到个人偏好的记录，无论是数量还是质量，企业对用户隐私信息的掌握程度都较以前出现了巨大的提升。巨量的高质量用户数据是一把"双刃剑"，一方面，这些数据有助于企业更好地匹配潜在消费群体，进而降低企业与消费者之间的交易成本；另一方面，详尽且庞大的个人数据信息一旦从平台泄露，会对个人隐私安全甚至企业经营带来巨大威胁。

我们需要从促进和保护社会福利的角度出发，制定和完善隐私保护与监管体系，适应数字经济快速发展的新形态。一方面，数字经济时代的隐私保护要与时俱进，把数字技术与传统监管手段结合起来，从技术端提高信息数据收集的安全性，提高可能泄露的门槛。数字经济企业可以通过密码学的运用以及其他隐私增强技术，例如，允许用户匿名浏览网页或匿名共享内容，以及采用多种加密技术和安全协议，从数字技术上提升隐私数据的安全。

另外，需要跟上技术进步，动态完善隐私保护的法律法规体系，主要经济体在这方面都进行了有意义的探索。美国在2012年颁布《消费者隐私权法案》，旨在赋予消费者对个人信息拥有更大控制权，并且降低数据泄露给他人带来的风险。欧盟在2018年实施《通用数据保护条例》，这部法规适用于欧盟的所有个人数据，对公司收集和使用隐私数据的方式进行了限制。在中国，个人隐私数据的保护也引起了国家立法机关的重视，2020年全国人大提出将专门制定《个人信息保护法》，以改变之前相应法律法规零散的问题。

优化社会福利是根本

在本书中文版出版的 2020 年，全球遭遇了新冠肺炎疫情的冲击，无接触经济对缓解疫情的冲击起到了重要作用，也展示了数字经济的发展潜力，同时也带来一些挑战。未来的可持续发展需要锚定社会福利目标，为解决数字经济时代的新老问题提供一个参考基准。

比如，为了控制新冠肺炎疫情的蔓延，卫生防疫部门利用数字信息技术追踪收集了大量个人的数据。从某种程度上来说，许多监管追踪对个人隐私存在侵犯的可能。现在为了控制疫情无可厚非，但疫情过后如果持续这种做法，会对民众的生活、工作乃至整个社会造成怎样的影响？

再比如，数字货币作为数字经济的一种表现形式，可以有效地减少因接触现金而带来的可能感染，本次疫情可能加快数字货币的发展。中国人民银行在不久的将来可能会推出数字人民币。由于数字货币所蕴含的交易信息非常丰富，数字货币发展对很多公共政策问题，包括隐私、垄断、公平竞争等，会带来深刻的影响，那如何看待数字货币带来的机遇与挑战呢？一个重要的视角是社会福利是否优化。

数字经济发展迅速，其内涵和表现还在不断扩大丰富，新现象、新问题会层出不穷。从社会市场经济的角度出发，以提高大众福利为目标，既不过分干预数字经济自身的发展，同时也要防止业态变化对竞争的损害，不失为促进协调发展的一条思路。这对监管层提出了挑战，在新经济背景下，制度设计更需要有创新的思维，监管需要跟得上技术发展的步伐，动态地调整监管体系。

彭文生

中金公司首席经济学家、研究部负责人

2020 年 6 月 30 日

中文版序言

　　数字化转型如火如荼。数字技术联通万物，新的市场结构和商业模式层出不穷，重塑着社会。同时，劳动岗位的性质和要求迅速变化，工作机会在减少。新冠肺炎疫情下居家办公和网络购物的趋势正在加速这一进程。经济基本秩序原则面临着新的挑战。

　　德国的经济体制——社会市场经济——可以追溯到联邦德国经济部长路德维希·艾哈德（Ludwig Erhard）的时代。这种体制可以在维持社会平衡的同时发挥竞争的创新力量。但是如今旧的机制不再那么有效，主要是由于数字化时代下互联网巨头的崛起。

　　数字化变革使我们怀疑路德维希·艾哈德承诺的"大众福利"是否仍能实现。答案是肯定的。本书将证明，德国社会市场经济的原则在经过适当调整后依然适用于数字化时代，并能有效控制其负面作用。这一点不仅适用于德国，也适用于全世界。

本书由我与汉斯·克里斯蒂安·穆勒（德国著名经济类报纸《商报》记者）合写。我们努力让本书便于非专业人士阅读。在此我要衷心感谢对外经济贸易大学教授冯晓虎博士和他的团队为本书的翻译和在中国出版所做出的贡献。我还要感谢北京洪堡论坛主席赵忠秀博士，他给了我们在北京洪堡论坛介绍本书的机会。另外，非常感谢莱布尼茨学会、曼海姆欧洲经济研究院（ZEW）为本书的翻译提供资金支持。

全球都在寻找行之有效的经济秩序。自路德维希·艾哈德的时代以来，竞争就起着核心作用，这一点是不争的事实，在数字化时代同样如此。另外，推动社会市场经济在新时代的转型也是必要的。

阿希姆·瓦姆巴赫

德文版序言

　　一位学者和一名记者合作写书，会碰撞出怎样的火花？毕竟两者的写作思路可谓南辕北辙。学者最怕的莫过于其科研成果不够精确，或者没有科学依据地信口开河。学者准备就某个问题发表观点前更喜欢通读所有研究文献，并在短时间内做出自己的计算。其目标读者通常是该领域的专家，他们都喜欢用事实说话。与此相反，记者最大的顾虑则是怕读者觉得文章枯燥乏味。因此，记者的行文通常简洁明了，语言通俗易懂，其观点必须得到充分的论述，因为新闻报道需要的不是模棱两可，而是观点明确。记者的天职是惊视回听，而不是让读者大失所望。

　　在撰写本书的过程中，我们一直尝试将双方的长处结合起来。做学术也需要明白易懂，否则研究便没了意义；而新闻报道也要实事求是，正所谓"道听途说，德之弃也"。我们希望此书在浅显易懂的同时能够持之有据、言之有理。因为我们希望呈现给广大读者的不仅是科学的分析与论述，还有实实在在的建议与对策。

我们衷心希望此书能够获得成功，但最后还是要交给广大读者来做评判。

阿希姆·瓦姆巴赫

汉斯·克里斯蒂安·穆勒

2018 年夏

目　录

Ⅵ 互联网时代如何
保证大众福利

I 路德维希·艾哈德的政策已经成为过去，但其理念仍值得借鉴

数字化几乎改变了一切

还记得 2006 年德国世界杯期间哪款手机软件的使用率最高吗？你也许不记得了。也难怪，因为第一批面向大众市场的手机软件是在 2007 年才上市的，也是在这一年苹果公司发布了第一代 iPhone。德国世界杯时，已经出现了支持移动互联网的手机，但是还不能装载手机软件。那时没有 WhatsApp，没有 Amazon Prime，也没有 Car2go。

手机软件在很短时间内便改变了人们的日常生活和经济生活。如今，手机软件与人们的日常生活密不可分。与千禧之际不同的是，我们不再只是坐在电脑或笔记本电脑前才能上网，而是进入了智能手机时代。试想：你现在还能在信号盲区忍受多久？很快就无法忍受了，对吗？你可能会想，这期间也许有人发了一条信息，也许出了个爆炸性新闻！

数字化是一场革命，而智能手机上的应用也只是体现了其冰山一角。过去，技术变革只涉及个别经济部门，例如蒸汽机或电动机的引进。然而今天，我们将目睹一场无所不包的革命。

事实上，生活中没有任何一个领域不会受到该变革的影响，几乎没有哪份工作不需要计算机的支持。在现代住宅中，人们可以远程控制家用电器和暖气。在工业领域，全球范围内的机器设备通过联网相互协调运行。贸易也越来越多地转移到了互联网上，几秒便可以完成多笔订单，还可以在同一天按订单发货。现代算法记录了人们在网上和其他地方的行为，并将这些数据用于广告和新产品。很快无人驾驶技术也将实现。小手环可以监测人们的健康和身体机能状况。此外，区块链技术正处于起步阶段，其可以确保在不久的将来人们便不再需要官方机构来认证合同或支付款项。

向新一代智能机器和计算机的过渡早已开始。它们不再按照指令在不同的情况下完成相应的操作，而是通过训练来实现自主学习。它们通过观察得出自己的结论，然后采取相应的行动。人工智能系统可以学着理解语言、识别人脸、阅读唇语、翻译文本、撰写新闻甚至是法律文本，还可以识别收件箱中的垃圾邮件、在海量的人体医学参数中检测出疾病迹象，等等。

大多数新技术的基础都是数据。人们把越来越多的数据收集和储存起来，并且使用越来越科学的方法对其分类和评估，这不仅为科学进步带来了新的见解，也为经济发展输送了新的产品。不论是关于数字化带来的技术创新，还是就数据层面的分析，都已经有很多讨论，例如数据的作用和数据保护问题。

然而，数字化对单个市场意味着什么？对于个别行业以及整个经济体系和社会福利——社会市场经济——又意味着什么？目前为止这方面的讨论还是一个空白，因此，我们试图在这本书中探讨这个问题。

数字化为财富增长提供巨大的潜力。它不仅创造了新产品，更好地改进了现有产品，而且使我们的生活更加方便。但是关于这些潜在的好处能否真正实现，目前还有争议，因为这需要一种经济模式作为支撑，通过某种机制和市场组织创造必要的条件。同时，这也将确保福利惠及大众，而不仅仅使少数人获益。总之，市场经济基础须与新技术相适应。

竞争，在数字化时代仍然是推动创新、实现有效激励、达成机会均等的决定性力量吗？随着数字化的不断深入，掌握当下稀缺技能的劳动者成了变革中的赢家，而常规的体力劳动者成了输家，我们能够阻止劳动力市场的两极分化吗？我们能够在不盲目破坏现有结构的前提下，掌控涵盖众多行业的变革吗？通过对数据使用的监管，我们能够在实现其潜力的同时保证安全，从而避免对社会产生负面影响吗？

从今天的角度来看，我们不得不说，这一切都可能失败。在新的互联网服务市场，垄断正在蔓延，劳动力市场趋于两极分化，数据的使用显得过于混乱。因此，便存在风险，社会市场经济不能在新时代继续发挥优势，经济秩序也不能保持理想状态，这将损害人们对这种经济模式的信任。许多人已经开始对此产生怀疑。当今，不仅是全球化，数字化也引起了人们强烈的担心。尽管恐慌在蔓延，政党和其候选人对这些问题的答复仍过于简单。即便如此，这些简单的回应还是为他们突然赢得了很多支持者。

但我们仍认为，或许我们可以成功应对数字化的挑战。如果市场规则能适应新时代，数字革命将取得成功。如果能遏制住技术变革的破坏力，同时促进福利的良性发展，新的信任便会产生。

对此我们不得不提到德意志联邦共和国第一任经济部长路德维希·艾哈德（Ludwig Erhard），他在联邦总理康拉德·阿登纳（Konrad Adenauer）的任期内担任经济部长，后来也曾短暂担任过德意志联邦共和国总理，当时他与其他人一起提出"社会市场经济"这一概念。他认为，一方面，国家应尽可能避免干预经济，例如确定谁以什么价格和数量生产和供应什么。艾哈德相信，自由市场最有能力产生推动经济的活力。然而，另一方面，他也清楚，如果不加以管理，市场经济也只是徒劳无益。因此，我们必须制定指导方针，引导市场力量步入正轨。

特别要提到的是艾哈德的竞争政策。他提出，竞争政策防止或者旨在防止企业为了共谋剥削消费者而成立卡特尔。有实力的公司可以充分利用市场势力，因为他们不必担心收紧条件或提高价格之后会没有生意。此外，艾哈德还强调了"秩序政策"，其中包括社会政策、教育政策以及"结构调整政策"。

艾哈德的基本思想在今天仍然正确，只有个别措施需要调整，因为现在的市场有所不同。这些个别市场遵循不同的机制和模式，市场上的势力也不同。因此，路德维希·艾哈德所概述的秩序政策需要更新，这也正是本书的主要内容。本书的基调是积极乐观的，笔者相信数字化是一个机遇！

诚然，宏观经济数据尚未显示出这股新技术浪潮带来的显著而广泛的推动效应，例如生产率。生产率是每小时劳动创造的价值，目前在西方国家生产率增长停滞迹象显现。如果有一种新技术能加速经济增长，难道有人会不期待这种新的活力吗？

期待和担忧并存。一方面，数字化的许多积极影响很难被统计数据捕捉，因为许多新产品都是免费的，比如拍照不花钱，打电话也不花钱，这无疑是福利的增长。但统计学家在计算经济活动时只会统计有价销售的产品。另一方面，我们仍处于这一技术浪潮的起步阶段，在许多行业，只有一小部分的相关技术得以应用。

当然，新时期还缺乏适当的秩序政策，无法正确疏导市场力量。笔者在本书中将就这一点提出建议。因此笔者深入研究细节并考察了许多单个行业市场。有人或许会指责，对单个行业市场的讨论会使最终结论缺乏全面性，但这一指责未免缺乏远见。诚然，数字化是一场革命，但经济秩序也需要改革。路德维希·艾哈德的基本思想仍然是正确的，社会市场经济仍然是一种理想的经济秩序，只是其内容需要调整以适应新时代。因此，构建改革蓝图须以局部的想法为基础。

60多年前，艾哈德将《大众福利》视为自己的代表作，社会市场经济的成功证明了他的远见。今天人们的生活更加殷实，德国人现在的平均月工资是 20 世纪 60 年代的 2.5 倍，而且剔除了物价上涨的影响。

当时的德国人将 38% 的收入花在食物上，而现在只有 14%。如今，一个普通工人只需工作 10 分钟便能买到面包，而 1960 年是 19 分钟；如今工作 20 分钟便能买一袋咖啡，以前要 3.5 小时；如今工作 23 小时就能买一台洗衣机，所用时间只有 20 世纪 60 年代的十分之一。

社会市场经济并不总是一帆风顺，但仍然极大地推动了经济发展。然而，现在的任务是将这一繁荣的经济模式应用到互联网时代，使艾哈德的思想顺应新的时代潮流，即实现大众的数字福利。

今时不同往日

1957 年路德维希·艾哈德发表了他关于社会市场经济的重要著作《大众福利》，那时的生活与今天略有不同。

那时，人们要购买新衣服，就会去女士或男士服装专卖店，并且只能从陈列的商品中选择，店里没有的就不能购买。如果想知道在其他地方买是否更便宜，就必须走访多家商店。

若是有事需要向他人传达，只能通过电话或是亲自拜访，必须假设对方刚好在家。当时，不是家家户户都装有电话，电话机是黑色或米色的，后来变成绿色或橙色，但都还是有线电话。如果受访者刚好不在家，那就得去他可能出现的地方等他，或者写一封信邮寄给他。如果想告诉几个人同一件事，必须单独会见他们，或者给每个人发同样的信，又或者组织一个电话接力（Telefonkette）[1]。

若是想给别人看照片，就必须带给他们或邮寄给他们。抛开洗照片的时间不说，至少需要一两天。买火车票需要到车站的售票处排队。如果需要了解更多关于火车中转的信息，售票处的工作人员需要翻阅时刻表，然后把信息写在纸条上。

若是要获取信息，无论是关于一条河还是一个国家都得查字典，或者去图书馆阅读相关书籍。若要规划一条公路旅行路线，就得查找地图并用尺子测量，试图从中选取一条最短路线。如果想知道市中心的这家餐馆是否美味，就得去向朋友和熟人打听，或者亲自去尝尝。

若想知道第二天的天气情况，就得看报纸，或者抬头看看天。若想听歌，就必须在店里买唱片，或者期盼有一天刚好在家通过广播听到。

现在请拿起智能手机，浏览一下手机软件，想想在过去需要付出多少努力才能获取这些服务。而在今天，轻轻点击几下，也许只需半天的时间这些便都能实现。

很多事情在以前根本不可能发生，至少今天市场上的很多商品在过去是不存在的。例如，像今天的 Airbnb，将私人公寓

---

[1] 所谓"电话接力"是通过电话转达信息的一种方式，指的是按照顺序依次拨打电话传递信息，例如甲给乙打电话通知某事，乙再给丙打电话通知，以此类推。这样既节省开支，也可以在短时间内通知到所有人。——译者注

租给陌生人以换取评分；或者把车借给陌生人，就像今天的 Drivy 和其他供应商；或者拍卖私人物品，写游记并列出清单；以及用机器翻译文本，监测自己的心跳，与身处其他国家的朋友一起打游戏；等等。

从 21 世纪的视角出发，艾哈德时期的经济发展缓慢，消费增长迟缓。但事实上，德国经济在 20 世纪 50 年代和 60 年代初就显现出了巨大的活力。德国再次崛起，跻身工业强国，开始大规模生产，旅游业也随之兴起。虽然旧工业特别是煤炭和钢铁行业在战争创伤恢复不久后便出现问题，但新兴行业层出不穷，如塑料行业。消费品生产商设计出了许多备受消费者青睐的新产品，商人深谙销售之道，经济飞速增长，失业率迅速下降。

从社会层面上来看，政治可能是墨守陈规的、独裁的以及易被历史遗忘的，而从经济层面来看，政治则是大胆的。经济政策显然有助于实现经济繁荣，企业创新能力的提高和人民意识的崛起同样功不可没，而政治则可以趋利避害。

严格的经济政策是推动德国战后经济复苏的重要因素，该政策遵循明确的基本原则。与今天不同的是，那时的先驱会制定一项切实可行的经济战略，而且表述得非常清晰。路德维希·艾哈德也不例外，阐述他经济政策的著作《大众福利》，就是一本需要时间消化的书。连经济记者都认为"这本书不一定非得读"。

艾哈德与经济学家阿尔弗雷德·穆勒-阿尔马克共同描绘

了社会市场经济的基础，阿尔弗雷德·穆勒-阿尔马克最初是经济部政策司司长，后来成为国务秘书。他们认为"社会市场经济"包含两个方面：一方面是对经济政策的理性描述；另一方面又是感性的，它像是一个承诺，允诺人人享有福利，但也有可能以失败告终。

社会市场经济的经济政策，遵循市场力量应尽可能自由发挥作用的原则，这是自由市场中的积极力量，促进福利增长。首先，国家不干涉日常经济生活，同时，经济活动的参与者拥有自主权，并对自己的行为后果负责。此外，要努力确保政策的可靠性，所有市场参与者都应有事先预测国家政策变动的能力。

这样，经济政策就脱离了过去几十年普遍实行的国家价格政策和积极的产业政策，推翻了人民党所有势力的经济政策，他们在经历了 20 世纪 30 年代早期的经济崩溃以及纳粹的恐怖统治之后，主张实行计划经济。而艾哈德和他的支持者则更喜欢依靠市场的力量。根据经济学理论，自由和激烈的竞争会兑现市场经济所做出的承诺：如果每个人都为自己的利益行事，那么至少在大多数情况下，市场经济将使每个人受益。

而社会市场经济一直介于两种极端经济政策之间。正如计划经济被舍弃一样，自由放任主义也行不通。自由放任的经济政策在工业化时期盛行于英国，主张让自由市场自行其是。而社会市场经济的缔造者明白，自由市场鱼龙混杂，不仅有好的力量在起作用，也存在破坏性的力量。只有国家才拥有控制的权力、能够制定明确的规则。艾哈德和他的支持者认为，市场需要秩序也就是指导方针来避免混乱。

因此，他们创建了纠正机制。一方面，他们制定了雄心勃勃的社会政策，重点是国家再分配政策、完善的社会保障体系和工资集体协议。1957 年建立了现行的法定养老保险制度，将养老金与工资挂钩，与战后初期相比大幅提升。在工资政策方面，确立了"社会伙伴关系"的概念，将雇员对未来收入的要求权制度化，以避免无序的劳资矛盾，从而建立起人们对彼此的依赖，雇主和工会的互动更多是一种合作，而不是对抗。这一切使新的经济模式不仅名为"市场经济"，而且还要加上"社会"二字。

然而，艾哈德本人比穆勒–阿尔马克更加批判地看待社会政策手段。《大众福利》认为工会无论如何都不能真正发挥作用。艾哈德更倾向于认同在 20 世纪 80 年代被称为"涓滴效应"的观点，即自由市场秩序创造的繁荣足够"滴漏"给所有人。而穆勒–阿尔马克则认为，有必要更积极地重新分配收益，以便每个人都能从中受益。简单地说，穆勒–阿尔马克认为，市场不仅需要秩序，而且需要积极的社会政策；而艾哈德则认为，市场拥有秩序即可。

除了社会政策，艾哈德还设想了一套严苛的竞争政策，以打击垄断和卡特尔，从而确保竞争的稳定和公平。艾哈德非常清楚，雇主不会一直支持他。对于那些想让企业取得成功的人来说，严格的竞争保护措施尤其令人恼火，尤其当他们想收购竞争对手或与他们达成协议来巩固地位的时候。经济活动的参与者和经济部长之间的利益冲突是制度本身固有的，前者关心企业的经济效益，后者关心国家的经济发展。

市场竞争和商业竞争都有其存在的必要性，特别是对整体经济而言都是良性的，但至今这种观点对许多人来说都是陌生的。今天的很多德国人仍然不理解，为什么企业要相互压价？为什么企业之间不能和谐地生产和销售？企业间互相照顾难道不是更有利可图吗？

因此，我们以垄断和卡特尔为例来解释国民经济为何需要竞争。由于垄断者不害怕竞争，他们几乎没有动力在提升产品质量上下功夫，市场上也不存在更好的产品来抢走他们的顾客。同时，垄断者可以任意抬高价格，因为他们的产品或服务实际上是不可替代品。因此，与有效竞争的情况相比，产品的质量更低、价格更高、销售量更小。这会给顾客造成一定程度的损失，顾客要么买不到想要的产品，要么需要支付高昂的费用。

因此，非竞争性市场无法实现最优结果，商品价格太高，创新能力低下，生产力低，从而导致对劳动力需求的减少，最终削弱国民经济。

卡特尔也是如此，当竞争对手同意不再竞争时，它们就不再试图通过提高质量或降低价格来吸引客户，它们合起来就像一个大垄断者，共同攫取垄断企业所能获得的丰厚利润，并将其瓜分。这对公司来说是有利可图的，但对消费者以及整体经济来说是不利的。自由竞争的美妙之处在于没有人知道谁会发起价格攻势或将新产品推向市场，而由卡特尔主导的市场是缺乏自由竞争的。

当时，艾哈德和他的支持者在执行严厉的反卡特尔政策时并不是一帆风顺的，他们的目标是实现尽可能充分和自由的竞争。作为德国竞争政策基础的《反不正当竞争法》在出台前曾引起很大的争议。几十年前，人们甚至认为卡特尔也有优势。在帝国时期，德国被认为是卡特尔国家，魏玛共和国时期卡特尔仍然是合法的。纳粹党为更好地统治经济，甚至在 1933 年制定了《强制卡特尔法》。

在《大众福利》一书中，艾哈德详细描述了他为反卡特尔所作的斗争。最后他断言，《反不正当竞争法》是当今社会市场经济的基本法。60 多年来，德国联邦卡特尔局的市场竞争守护者一直在监测市场竞争性是否在衰退。在布鲁塞尔还有欧盟委员会竞争总司负责处理欧盟内部的重大国际案件。

市场竞争的守护者主要有三大职能。第一职能是控制合并。如果两家企业希望合并或一家企业想收购另一家，当局便会核查这是否会限制竞争，即合并后剩余的竞争对手是否仍能对新的大型集团构成制约。如果可以，将允许合并；否则，将被禁止。

其他两大职能是监管滥用市场势力和侦缉卡特尔。如果卡特尔局发现两个或两个以上的竞争对手在一个市场上非法串通，例如约定谁为哪个地区服务、谁收取什么价格、谁引进什么新产品，就可以对其处以罚款，并禁止其商业行为。这也适用于实力雄厚的公司滥用市场势力的情况。

如果一家公司是垄断企业，或者是少数竞争者组成的寡头垄断中的主体，市场竞争守护者并不能对其采取任何行动。如果一家公司通过创新和优良的产品在市场上取得了主导地位，市场守护者也不会采取行动。但这些拥有市场势力的企业也有一个特殊的责任：保持公平，不滥用权力。因为，拥有市场势力的企业可以采用某些手段，但它们并不敢擅自在竞争激烈、小企业众多的另一个市场上使用。如果它们滥用市场势力，显而易见其客户或商业伙伴就会转向另一家供应商。

可以说，自艾哈德时期以来，联邦卡特尔局的任务和权力相当明确。当然，关于市场竞争守护者的决定正确与否，也不时会有争论。许多判决也在法庭上受到质疑，因为相关公司不愿接受，但大多数都是无可争议的。调查人员的方法很清晰，工具也很明确。在内容方面，其目的是保护竞争，从而防止价格过高。不过有时也涉及价格过低，例如，一个市场领导者在一段时间内为将竞争对手赶出市场，以低于生产成本的价格出售商品。

现在，数字化给市场竞争守护者带来了全新的挑战。因为不仅技术在变化，经济的核心机制也在变化。商业模式是全新的，市场运作方式也不同，而且界限模糊，从而导致了快速的变化。因此，对于在什么情况下合并会削弱竞争，或如何界定权力滥用等问题，答案往往与艾哈德时代不同。许多过去不会想到的商业行为，例如仅仅因为想获得数据记录就吞并竞争对手，现在就有可能损害竞争，从而损害繁荣。

但这不仅关乎竞争主管部门的工作，而且关乎市场秩序，即一个国家为实现财富增长而为市场制定的指导原则。对此艾哈德时代的答案已不合时宜。数字时代需要新的答案。

如果想更新秩序政策，首先需要了解现代经济是如何运作的，以及它与我们曾经了解的市场经济有什么不同。对此，我们总结出了可以描述数字经济特征的四大原则。

每条原则都将在后面的章节中得到详细论述，笔者试图从中发展出一种现代秩序政策的理念。原则上，艾哈德纠正市场势力的方法仍然是正确的，因为市场势力虽不影响所有人的利益，但不利于全局利益。但当时的经济部长只描述了一个非数字经济的情况，这对今天的经济形势来说是不够的。

1. 垄断代替竞争

互联网时代早期，在许多领域仍然存在许多供应商和竞争，现在几乎每个领域只有一个强大的垄断企业。大型的互联网公司，如谷歌、苹果、亚马逊、微软和脸书，在很短的时间内就发展到了令人难以置信的规模，几乎独霸某领域的核心业务。它们的做法往往非常有攻击性：通过收购成功的初创企业进一步巩固自身实力和地位，防止新的竞争。它们的税收负担通常明显低于小公司，因为它们最清楚如何最优利用不同国家的法规。

当然，企业规模迅速做大并不是数字市场的独有特征。只是由于市场势力的推动，这一切在数字市场发生得更快。数字产品越吸引人，就会有越来越多的人使用，比如社交网络、办公软件或搜索引擎。如果我们所有的朋友或商业伙伴都使用某个特定的产品，那么我们几乎不可能用另一个产品，所以我们也被俘虏了。这种现象很快便导致市场集中。

这也造成了市场边界的消失。例如，某一产品取得成功后，在其邻近市场上也会取得成功。在数字经济时代，由于之前积累的客户数据，这一现象变得更加常见。

2. 数据代替价格

价格通常在市场经济中起着核心作用，特别是在路德维希·艾哈德所概述的相对自由的市场经济中。价格确保交易进行，并帮助分配财富：买方得到商品，卖方赚到钱。然而，只有那些愿意花很多钱购买商品的买家、真正感兴趣的买家，以及那些成本足够低的卖家才会参与进来。价值在讨价还价过程中被反复定义。这对一个经济体来说也很重要，毕竟，它清楚地表明了客户和公司的想法。举个反例，民主德国的计划经济中，价格和数量经常受到中央管制，没人知道实际的需求和支付意愿有多大。

而数字经济时代有很多东西是免费的，更确切地说，价格是 0 欧元。申请谷歌邮箱是免费的，脸书账户也是免费的，不存在价格。然而实际上，这一切并不是完全免费的，因为其中仍存在交易。作为对产品的交换，顾客提供自己的信息，而这

一　路德维希·艾哈德的政策已经成为过去，但其理念仍值得借鉴

些信息对广告主来说是有吸引力的。所以出现了一个利益三角关系：互联网供应商从广告投放商那里得到钱，然后免费把产品给客户。这些所谓的双边市场给予互联网供应商很大的权力，因为他们在交易的中心。

数据是当今重要的生产要素。正如利用原材料生产产品的工业一样，数字经济生产数据。它们具有特殊的经济特征：它们的价值往往随着数量的增加而加速增加。不同数据间的连接开辟了全新的可能性。因此，大多数情况下，拥有数据的人便拥有权力。然而，这可能会对竞争和数据保护产生负面影响。

3. 网络自由职业者代替社会伙伴关系

我们今天生活在个体的时代。劳动力市场在这方面尤为突出，在艾哈德时期的工业领域，劳动力市场的首要特点是标准化的工作，而在数字经济中，每一份工作都不一样。雇员和雇主之间在社会伙伴关系意义上的工资集体协商已不重要，人们更需要为自己获取更多的权益。这一变化强化了市场规律的应用，拥有稀缺技能的人成为赢家，反之会很快成为输家。

其中一个典型的例子便是网络自由职业者，他们只需要在计算机上完成一些小任务，挣得少，同时安全性低。尽管这是一种罕见的极端工作模式，但这种工作模式应当会一直延续。因此，数字化时代的劳动力市场存在两极分化的危险。

数字化正在加剧劳动力市场的转变。人工智能和机器人正在从事越来越多的活动，这些活动此前都是由人来完成的。但这并不会减少就业岗位的数量，因为其他领域会出现新的就业岗位。但却增加了雇员的压力，他们需要比以前更快地熟悉新技术。同时，对日常工作的要求也会越来越高，因为当机器承担日常工作之后，人们就有更多的时间去完成更复杂的任务。

4. 分享代替产权

人们的偏好和价值观也在发生改变，给经济带来了重要影响。消费行为已不同于艾哈德时期，并正在发生越来越大的变化。拥有某种物品曾是人们创造经济产出的决定性驱动力。然而今天，对许多人来说，只要能够使用即可。共享经济的意义在不断扩大。现在很多人不想拥有自己的车，而宁愿在需要的时候去借一辆车。因此，汽车制造商和经销商必须适应一种全新的客户类型。

分享代替产权，是我们所处的变革时期的一个典型例子。数字化创造了许多新的商业模式，它们都离不开分享。现在，所有人都可以获得报价信息，可以更容易地规划和优化物流流程，空间的限制不再是决定性的，而且现在的通信成本也不高。可以预见，许多新型智能产品会应运而生，市场前景也会越来越好。

在许多传统行业，现有的厂商突然面临强大的数字竞争，其市场份额大量流失。持续的经济转变会导致长期以来成功的商业模式突然失灵，但经济转变持续存在并不是数字化时代的特例，而是市场经济的一个组成部分，艾哈德的经济理论也脱胎于 20 世纪 50 年代的经济转型期。唯一不同的是，今非昔比，变革正在以前所未有的速度和强度影响着一切。

因此，现代的数字经济无论是技术创新还是市场运作方式，都不同于艾哈德时代。然而，这些现象本身并不是经济学的未知领域，例如双边市场中的三角关系、规模经济效益、商业模式的兴衰、信息市场、垄断趋势、带有集体主义和个人主义色彩的劳动力市场等。经济学家对这些现象都有所研究，经济学理论中也有相应的阐述。因此，我们也可以根据这些研究结果提出政策建议，说明如何取得秩序政策改革的成功。

我们需要重新建立社会市场经济体系

唐纳德·特朗普（Donald Trump）的选举胜利、英国脱欧公投、几个欧洲国家（尤其是德国）右翼政党的崛起都显示，西方激进政客上台的案例不断增加。在一个给人强烈不安全感的复杂世界里，人们更希望听到朴素的答案。

这种危险的蔓延当然有其复杂的原因。无论如何，一个重要的原因是经济。社会的共识似乎是提供公平和保障的经济体系正在动摇，并有可能崩溃。

以路德维希·艾哈德为代表的社会市场经济支持者长期以来一直有一种共识，即允许人们自由发展经济，奖励业绩，但也注重薪酬分配和帮助弱者，不仅依靠市场的力量，同时也要解决它的失灵之处。

当然，要说一切进展顺利太过夸张，社会市场经济的概念一直模糊不清。政治团体总是对它有不同的解释，自由主义党派强调双重修饰词中的市场，而社会民主党则强调其中的社会，但各方对经济运作的方式还是有着基本共识，大多数人对此深信不疑。

而今天，部分人似乎失去了信心。他们开始怀疑经济状况，并且怀疑他们能否从最近的事态发展中获益。

一个关键词是全球化。国际分工持续推进，竞争也在继续。许多人认为他们个人的财富面临风险，因为外国的廉价劳动力可能很快就会凭借更低的工资取代他们。今天人们对生活是否优渥的评判，不仅要在本国范围内比较，还要和全世界各国人民比较。

另一个关键词是数字化。令许多人更为担心的是，不久机器就会夺走他们的工作。他们观察到，全球大型企业特别是互联网企业积蓄了大量能量，似乎无所不能。这些公司将税负控制在最低水平，而普通公民和小企业却要全额纳税。它们收集和存储大量的数据，我们却无从得知其用途。人们发现，由于以前成功的商业模式突然失灵，整个行业和地区的经济支柱面临崩溃。经济变革颠覆了这些商业模式，却没有给出一个可行的替代理念。

这些担心和观察是可以理解的，但从根本上否定整体经济形势是错误的。德国经济多年来蓬勃发展，就业率更是处于千禧之际经济萧条期时不可想象的高水平，很大一部分人从繁荣中受益。但是，担忧还是占了大多数。奇怪的是，西方世界的人们从未像今天这样享受自由和开放，然而他们却渴望着以前的条条框框和局限性。

作为经济学家我们确信，尽管存在许多问题，但全球经济基本上走在正确的轨道上。无论如何，我们都有充分的理由相信，全球化和数字化最终会促进经济繁荣，并使我们所有人都能参与其中。因为如果在全球化的影响下形成了一种针对世界各地人们的新的分工方式，每个人都做他最擅长的事情，那么每个人都可以从中获益。如果数字化导致人们失去常规工作，从而有时间从事更令人兴奋的工作，那么它也会带来财富的增加。所以我们有理由乐观。为了使人们相信这一点，必须更好地解释经济概念，毕竟它们往往不是直观的。但更重要的是，为了使理论上令人信服的东西在现实中也令人信服，首先得在现实中得到验证。验证一个理论的实际可行性是一种义务。

首先，必须证明秩序政策实际上能够消除市场势力的不利影响。对未来充满担忧的人虽然希望他们的悲观预测是错误的，但不幸的是，他们的许多观察是正确的。例如目前并不是每个人都能分享进步的成果。事实上，近年来大型企业的实力不断增强。如果大型企业偷税漏税，那么税收制度实际上就有信誉问题，这便有损公平。

用明确的秩序政策纠正这种扭曲显然是正确的。但这种政策有待更新，尤其要根据数字经济的特点调整竞争政策的基本原则。由于在互联网行业，大型企业力量的增长速度快于其他行业，当局应当尽早进行干预。监管当局需要持续监控强大的企业强加给消费者和商业伙伴的商业条件是否公平。涉及并购时，当局还必须注意对其他市场的影响。此外，还必须考虑到数据是一种完全不同的生产要素。在数字化时代，判断企业是否强大往往要注重它们使用的数据。

虽然互联网还很年轻，但如果竞争环境持续恶化，立法者将不得不考虑是否需要像对待很多传统行业那样，借助事前监管条例来管理某些数字经济市场，而不是事后才纠正错误。

同时，国家必须捍卫其税收基础，根据效率判断每个人是否真正为社会做出贡献，但现行法律还无法触及数字世界。互联网公司在很多情况下都没有缴税，比如在未建立分公司的情况下取得大笔销售额。这些情况不是不可以改变，然而，改革之路是漫长的，所有国家必须齐心协力。

秩序政策的主要任务之一是未雨绸缪应对数字化带来的巨大转变。例如一项新的教育倡议可以使人们做好准备，抓住未来劳动力市场的机遇。不仅要进行初步培训，还要进行继续教育。此外，在数字化时代知识更新得更快。如果我们今天达成了未来经济发展所需要的条件，那么我们就不用担心失业问题了。同时，这将使我们有机会在世界范围内率先实现技术进步。

此外，也有必要考虑许多传统产业目前正在经历的转变。当旧的商业模式遭到新模式的挑战时，就是审视现有市场规则的好时机。在许多情况下，旧规则已过时，并阻碍进步，此时实行宽松的政策便恰逢其时。但有时，数字竞争的兴起可能突破了规则的限制。例如，优步（Uber）公司经常被指责没有按提供交通服务的相关规定管理驾驶员。此时应当防止这类不公平现象的发生，不应当破坏现有的市场结构。

数据本身也是一个问题。虽然对数据的评估和分析提供了巨大的进步机会，而且不仅仅是经济进步，但是必须限制数据的使用。越来越多的数据会产生一些不符合社会需求的后果。因为一个人的信息总会透露出另一个人的信息，或者人们会只是因为不愿提供个人信息便无法得到一个产品。

正如路德维希·艾哈德时期竞争规则的原则一样，它不是一个统一的概念。但是总的来说，它可以创造一种秩序政策，能够引导数字化的生产力朝着正确的方向发展。这将使改革更具包容性，惠及更多人。

艾哈德的座右铭是"每个人都应该为经济的增长感到高兴，因为每个人都会分享其硕果"。然而，在数字化时代我们需要将这句话稍作修改：每个人都应该对数字化的力量抱有希望，因为每个人都有可能从中受益。

这本书的目的是表明哪些指导方针势在必行。如果成功，这将帮助人们重新建立起对经济秩序的信心。自路德维希·艾哈德时代以来，人们虽然一直在迎接经济新挑战，但实际上每一个人都可以从技术进步和国际分工中获益。

Ⅱ 再见，竞争者：互联网经济五巨头

互联网巨头的权力扩张

苹果、谷歌、微软、脸书以及亚马逊——没有人可以在离开这几家公司的情况下使用互联网，至少不会使用得像如今这般得心应手。当然，有些电脑和手机并非来自苹果公司，也没有安装谷歌的操作系统；有时，人们也不必使用脸书，或者可以用必应来代替谷歌；或者，人们也可以在亚马逊之外的网站上进行购物。但是，能够脱离这五家公司的人一定是真正的"互联网禁欲者"，因为他们几乎放弃了所有互联网能够带来的美好体验。我们敢说，几乎所有人在日常生活中都会使用到以上这几个公司中至少两家的产品，甚至有许多人是全部这五家公司的用户。

几乎任何人都难以脱离这五巨头。作者在写这本书的时候，需要用到微软的程序，需要使用谷歌来查找资料，有时在路途中也需要用到苹果手机。在闲暇之余，我也会使用脸书来浏览这些公司不仅仅是互联网世界中的巨头，事实上，它们甚至是整个西方世界最大的公司，至少从股票市场的价值来看是这样的。因此，排名靠前的不再是那些使用大型机器制造产品的工业集团和管理世界财富的银行。与此同时，这些公司也是美国西海岸的科技巨头，其产品大部分纯粹是数字化的，完全由储存在计算机中的数字 0 和 1 构成。

这五家公司的总市值为 3 万亿~4 万亿美元，这也是一个想要购买这五家公司所有股份的人所需支付的总金额。这个数额等同于德国一年的经济产出，也就是说，将近 8000 万德国人需要工作一整年才足以收购这五家公司。

任何能够在极短的时间内变得规模极其庞大且令投资者十分重视的公司，都不会面临太多竞争（五巨头的发展速度见图1）。这几家公司令人印象深刻的盈利能力也说明了这一点：除了希望继续扩大规模而非增加盈利的亚马逊之外，5 家公司中有 4 家的利润率为 20%~25%。也就是说，每投入 5 美元就会产生至少 1 美元的盈余。相比之下，戴姆勒的利润率只有 6.7%，而巴斯夫的利润率为 9.1%。这也相应地说明了在互联网市场中存在的竞争相对较小。因为如果企业需要担心竞争的话，必然要降低价格，从而也压缩了盈利空间。

事实上，五巨头的投资者对未来盈利的充满信心，因为五巨头的股价估值极高。这五家公司的股票市值除以公司资本后所得的数值（也就是当它们出售其资产并偿还债务后留存下来

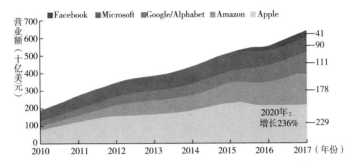

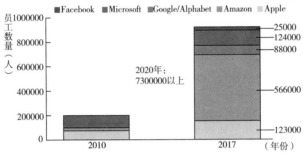

图 1 五巨头的迅猛发展

的价值）与大多数其他大公司相比要高得多。因此，投资者预计五大企业将继续实现卓越的利润和高额红利。

　　根据它们迅速增长的态势、巨大的市场价值以及高利润率可以得出结论：这五巨头类似于垄断者。它们也确实无需担心什么，至少在核心市场上不需要。谷歌的搜索引擎在许多国家占90%的市场份额。谷歌一直以来都被普遍认为是"搜索"的同义词。与此同时，该公司已正式更名为 Alphabet，与苹果一起成功塑造了智能手机操作系统和软件市场。

而其他 4 家公司也在自己的领域中占据着主导地位。虽然苹果并不是全球唯一的手机、平板电脑和 PC 制造商，但它绝对可以在生产技术、可操作性以及设计方面引领发展趋势。微软依然凭借着它的 Windows 操作系统和 Office 套件在世界各地的办公领域中占据至高无上的地位，现在它的云业务也可圈可点。而对于亚马逊来说，在德国，每 4 欧元的在线交易中就有 1 欧元属于亚马逊；在美国是每 3 美元，当然很快就会变成每 2 美元就有 1 美元属于亚马逊。最后，脸书是封闭式社交网络无可争议的领导者，它并不专注于职业交际或者照片视频分享等特定领域。

当然，对这几家公司来说，现在不存在值得一提的竞争对手，但并不意味着永远都不会有，也并不意味着它们不必对潜在的新竞争保持警惕。2014 年，谷歌集团当时的董事长埃里克·施密特表示："在某间车库里肯定有人正在瞄准谷歌。我对这一点心知肚明，因为不久前的我们还待在那间车库里。"谷歌希望凭借这一声明消除大众的疑虑——互联网产品市场并非如此封闭，它们的潜在竞争对手也并非从一开始就没有机会。

互联网发展早期阶段的状况正如施密特所述，但现在这种情况已经改变，因此我们有充分的理由不相信施密特的言论。我们当然可以想象，现在可能还不存在的某个西方互联网公司，会在几年之内追赶上五巨头的步伐。但事实上这不可能发生。

最多在某种程度上，中国的互联网公司会成为它们的竞争对手，如搜索引擎公司百度、电商公司阿里巴巴或者腾讯。就股票价值而言，这几家公司或许可以和美国的五巨头一争高下。但到目前为止，它们的业务主要集中在庞大但非常特殊的中国国内市场上，在西方国家还没有任何显著的成就。因此，它们并没有改变工业化国家的互联网市场几乎完全由五巨头主导的事实。路德维希·艾哈德所提出的竞争繁荣理论在这里已不再适用。

市场势力的日益集中化早已反映在宏观经济形势中，即使数字化公司只占美国经济的一小部分。2016年，50家营业额最高的美国上市公司的利润率（即净利润与销售收入的比率）平均为7.3%，这几乎是1990年的两倍。

与此同时，这50家公司也占据了美国经济的巨大份额，它们的总营业额相当于美国经济总量的30%。虽然它们在2010年前后占据着比现在更大的优势，但如今的经济集中程度远远高于1990年，那时它们所占的份额为21%。因此，现在的美国经济集中在数量很少但规模很大的企业上，数字化的兴起似乎伴随着竞争的衰退。（见图2）

当企业的发展形势很好时，这并不会产生不好的影响，正相反，它可以促进经济发展。然而，如果这些企业的发展过于顺利无阻的话，便会产生惰性，从而导致赢家少、输家多，这就有可能不利于经济的繁荣。

竞争从互联网市场中几乎消失可以归咎于如下几个原因，

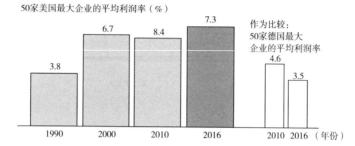

50家美国最大企业的平均利润率（%）

作为比较：
50家德国最大
企业的平均利润率

50家美国最大企业营业额在美国经济总量中所占比重（%）

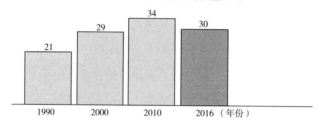

图 2　不同时期美国最大的 50 家企业的利润率和占经济总量比重
资料来源：福布斯排行榜。

它们彼此相互作用：首先，互联网市场因其结构而倾向于迅速集中于少数供应商；其次，五巨头一直非常擅长击败竞争对手从而减少竞争；最后，尽管美国和欧洲的竞争管理机构已经尝试着去变得协调一致并做出了更大的努力，但它们尚未找到限制市场势力集中的正确方法。到目前为止，这几家互联网公司能够从它们创造出的新市场中受益，而竞争守护者却对它们的运作方式知之甚少。因此，它们必须首先制定应对这些公司的策略。如今这种形势使得五巨头拥有时间上的优势——它们可以主动采取行动，而监管当局却只能被动应对。

接下来，我们将详细阐述以上三点。很明确的一点是，互联网市场的市场势力集中现象必须得到遏制。因为在时间极其紧迫的情况下，防止市场竞争度降低远比在已无竞争的领域重新燃起竞争容易得多。

网络时代，垄断更快

互联网市场份额如此迅速地集中于少数几个供应商的原因，主要在于互联网市场的本质特征。通常来说，一家互联网公司拥有的客户越多，就越能为客户提供更好的服务。虽然汽车模型的质量并不完全取决于它销售了 1000 万还是 2000 万个，但对于搜索引擎和社交网络来说，情况却有所不同。谷歌搜索引擎非常好，是因为它从最近的搜索中了解到用户真正想要看到的内容。在谷歌搜索内容的人越多，得到的搜索结果就越好，因为这样一来，算法系统就能够积累更多的经验，更好地分析用户所点击的条目。因此，广告商在谷歌投放广告的效果就越好，而谷歌就可以对广告投放收取更高的费用。这也就不难理解，为什么在互联网搜索和在线广告市场上几乎已不再有竞争。

无独有偶，在脸书上也产生了这种网络效应——一种产品使用的人越多，它提供的服务就越好。人们在脸书上寻找到的朋友越多，脸书对他们来说就越有用。互联网发展早期阶段的一些竞争产品（如德国的 wer－kennt－wen.de 或者 studivz.de 等）已逐渐从市场上消失。而脸书依然存在于市场上，且发展得越来越壮大。

谷歌和脸书为它们的用户提供免费服务，而它们数十亿美元的收入则来自另一方——广告投放商。这些广告主也希望可以产生合理的竞争，但它们现在的处境越来越艰难，因为大型互联网企业在网络广告市场占据着明显的主导地位。

此外，微软的产品也可以证明这种网络效应的存在。因为几乎所有人都使用 Windows 系统，所以大多数优秀的软件产品都是针对 Windows 系统来编程的，正是因为 Windows 拥有很多优秀的软件产品，所以它才能够拥有如此多的客户。如果所有人都使用 Word、Powerpoint 和 Excel 来创建文本、制作幻灯片和计算数据，那么其他人就都需要使用 Office 套件来打开和编辑这些文件。最近，慕尼黑市不得不承认，微软在办公室工作中的确无可替代。慕尼黑市的管理部门近十年来一直在使用 Linux 操作系统，并且希望其他地方政府能够在打破 Windows 和 Office 的垄断上施以援手。然而在 2017 年底，他们放弃了这个想法并宣布将重新使用微软的产品。

在亚马逊和苹果的成功案例中，网络效应起到了相对较小的作用。亚马逊在线商务的最大优势在于其产品范围很广，而苹果则纯粹地靠生产出最智能、最实用的设备来获取利润。尽管如此，在亚马逊和苹果身上，还是存在着自我强化成功的效果。由于亚马逊拥有最多的客户，使得小型零售商认为在亚马逊平台上提供产品尤其有利可图，这反过来又增加了亚马逊平台上的产品总量。而一些 iPhone 和 iPad 的用户喜欢使用 Facetime，那么当他们的朋友也使用 Facetime 时，他们就会很高兴，因为这样一来他们就不必为发消息和打电话支付任何费用了。

当然，网络效应也可以为客户带来很大的利益。如果可以在同一个社交网络上联系到所有朋友，如果搜索引擎真的能够提供客户所需的结果，如果真的存在统一的文件标准且所有的文件都能存储其中，那么人们就会拥有他们想要的一切，生活也会变得更加轻松。

然而与此同时，垄断所带来的危险后果会对生活造成威胁：价格可能过高，使用条件可能过于苛刻，创新也可能因结构僵化而失败。目前，网络效应可能对客户有利，但在未来却并非如此。因此，当竞争守护者试图重新激起互联网市场上的竞争时，他们必须要谨慎地在保留益处的同时消除网络效应带来的不利影响。关于这一点后面会有详细论述。

如上所述，近年来五巨头成功地拥有了前所未有的市场势力。这些年的技术进步也促进了它们的崛起。IT 技术应用越来越普遍，互联网成为大众现象，智能手机随之出现。在市场的增长阶段，许多事情仍在发生变化，但随着时间的推移，市场的未来结构将会逐渐显现。随着产品的推广与市场的增长，市场秩序将逐渐稳固。互联网市场的结构已然变得十分稳定。

而五巨头正在竭尽所能，以进一步扩大它们面对潜在竞争对手的优势。它们正在努力凭借极具吸引力的工作条件与高额薪酬来吸引大学中的顶尖人才。2010～2017 年，谷歌、脸书、苹果和微软的员工人数从 16 万人增加到 36 万人。如果将大部分员工都是仓库管理员的亚马逊也加上的话，它们的员工总数则从 20 万人增加到了超过 90 万人。

在今天，在一家技术巨头公司做入门级工作与在企业咨询公司一样，任何在那里做过计算机工程师或经理的人都可以在其他地方得到高额薪酬。

这些公司还通过不断扩大产品范围来扩大其领先优势。这使得以前只专注于某一项服务的公司逐渐扩展为名副其实的企业集团。扩大产品范围的方法自然是创新。例如，苹果公司在过去几年中不仅将各种新功能集成到自己的手机产品中，而且还发明或者完善了许多新产品，例如平板电脑和智能手表。

与此同时，这几家企业正在努力渗透进一些成熟的市场。例如，人们现在可以在亚马逊平台上订购药物。此外，在德国的一些主要城市，亚马逊可以在两小时内为市民提供一定种类的新鲜食品，如果时间充足的话可以提供的种类便更多。尽管这两种服务都不是由亚马逊发明的，但是它可以利用自己的影响力去击败所有较小的竞争对手。与此同时，亚马逊也在进军电影、电视剧等流媒体市场，并已经成功跻身为仅次于奈飞（Netflix）的第二大供应商。

其余四大企业也正在扩展它们的业务，并计划进入许多其他实际上不属于数字世界但深受数字化影响的领域，例如传媒业、金融业、健康产业以及工业，包括无人机、智能机器和自动驾驶汽车等。

当一些大公司想要尝试新产品时，它们总是具有启动优势。它们的品牌就代表着质量上乘，除此之外，它们还具有金融影响力。它们甚至还可以自行弥补时机上的劣势，比如尽管苹果公司进入流媒体市场较晚，但它却可以凭借 Apple Music 迅速成为音乐市场上的重要参与者。

互联网带来了繁荣，也带来了毁灭

逐步扩展自己的业务是合法的，强大的公司想要变得越来越强大也是被允许的。但是，当大型企业不公平地使用它们的市场势力并试图消除竞争时，或者当它们采取措施促使潜在的竞争对手更加难以在市场中存活时，它们应该受到限制。确定企业的发展界限是我们这个时代的核心任务之一。

这不仅仅关乎企业的有机增长，即通过开发新产品来促进企业发展，这也涉及通过收购来实现发展。事实上，五巨头经常会收购一些凭借创新取得成功的小型公司。如果许多创业者的目标是将他们的初创企业以昂贵的价格出售给大公司的话，这其实是可以理解的。但如此一来，未来可能的竞争对手就根本不会出现。因此，埃里克·施密特所描述的那些正坐在车库里完善创新的修补匠和程序员根本就不是在和谷歌或其他企业竞争，正相反，他们已经是这些原本就已经很庞大的企业帝国中的一部分了。

世界性经济危机造成的经济衰退导致在工业化国家有越来越多的大型企业合并。虽然全球并购的总交易额自 2015 年以来已经下降且低于 2007 年繁荣年度的水平，当时其总额超过 4.5 万亿美元。但是现在的情况也并不糟糕，每年的总交易额超过 3.5 万亿美元。由于企业的不断合并，全球市场也越来越集中化。许多收购都是由大型科技公司发起的。自 2010 年初以来，脸书、苹果和微软各自已经收购了 60 多家公司，谷歌甚至收购了大约 160 家公司，亚马逊也收购了约 40 家公司。

在收购的过程中，这些大型互联网公司还有另外一个优势：它们本身就是自己的市场研发中心。作为搜索引擎，谷歌可以得知人们想要寻找什么，从而得知哪些产品可以在未来吸引消费者的兴趣。脸书可以通过门户网站上的帖子和评论知道人们在谈论什么。亚马逊可以知道人们在购买什么。而对其他想要将新产品推向市场的公司来说，获得相关市场的必要信息就会困难得多。

脸书的例子可以说明如何通过收购来巩固自己在本领域的市场势力。从根本上讲，脸书仍然存在着产品被竞争对手置于不利地位的风险。首先，当有更酷的东西出现的时候，年轻的网民可能很快就会对某一种产品失去兴趣。其次，脸书门户的架构总体上相对稳定，其功能虽然在不断扩展，但基本模式始终不变。因此，人们会想到许多与之类似但有所区别的社交网络方案，它们也可以得到很好的运作。因此，迅速从市场上购买这些方案，是脸书的一项重要战略。

虽然很多收购都旨在引进新的人才并改进自己的技术，例如，脸书会投资于拥有视频处理或语音和面部识别技术的公司，企业也能通过收购来消灭它们的竞争对手。2012 年，脸书收购了 Instagram，当时 Instagram 才刚刚引起脸书的关注。不久后，脸书又收购了与 Instagram 类似的照片博客软件 light. com，并让它就此从网络中消失。

2014 年，脸书收购了 WhatsApp——一款用于发送短消息、照片、视频或语音备忘录的应用程序，它在全球范围内取代了 SMS。该产品与 Facebook Messenger 的功能非常相似，但 Facebook Messenger 的使用体验并不能令用户满意。2017 年秋，脸书收购了应用程序 tbh，人们可以使用它向通讯录中的人发送匿名称赞。此次收购是在该应用程序推出几个月后进行的，在此期间，它是在美国应用程序商店中连续数周下载量最多的程序。

如此一来，脸书的网络帝国便持续扩张。它先让产品变得大众化，然后通过广告销售来变现，这是脸书做得最好的一点。

虽然仍有竞争对手不属于脸书，其中最主要的便是开放式短讯服务平台推特（Twitter），和即时通信软件 Snapchat，人们可以用它发送"阅后即焚"的内容。两家公司现已上市，但都未能获得足够的广告收入。Snapchat 的股票价格远低于它的发行价格。

针对这两个竞争对手，脸书已开始采取严厉的打压策略，现在脸书上的内容像推特一样，可以让所有感兴趣的人看到，而不仅仅是朋友。Snapchat 凭借一些有趣的功能而出名，现在脸书和它的子应用 Instagram 也拥有了同样的功能。脸书针对 Snapchat 采取侵略性打压策略的原因其实很好理解：2013 年它曾试图收购 Snapchat 却未成功。

为什么竞争对于那些用户可以免费使用的产品来说非常重要呢？即使这些产品不收取任何费用，它们依然构成一个市场。因为用户只是这些双边平台市场中的一方；而另一方则是广告商，它们付出了很多资金来接触所有关注这些社交网络的客户。双方是共存的，如果没有广告收入，就没有人会永久提供免费的社交网络。反过来说，只有那些拥有许多潜在客户的社交网络才对广告主具有吸引力。脸书和谷歌的成功都是很好的例子，它们不收取用户的费用，却可以从广告市场中赚取大笔的财富。

与此同时，这两家公司实际上是数字广告市场上最重要的两个参与者。美国商业杂志《财富》估计，谷歌和脸书占该领域全球销售额的一半，在美国甚至占比更高。所有其他竞争对手都远远落后。最近在线广告市场的销售增长基本上都是由这两大企业所贡献，其他竞争对手的销售额则停滞不前。

谷歌和脸书在这一领域的主导地位已过于明显，这一事实在德国也引起了联邦反垄断机构的关注。竞争管理机构于 2018 年初启动了一项部门调查，目的是更好地了解这个正在蓬勃发展的市场的运行机制。诚然，这种方法对企业并没有直接影响，但联邦卡特尔局依然可以在之后的管制程序中利用这些调查结果并据此做出决定。

对于互联网经济的许多革新来说，广告是变现的唯一可能途径。但随着广告主花费在谷歌和脸书上的预算越来越多，这也就意味着小型初创公司不依赖于大企业而自身独立发展的可能性越来越小。除此之外，这些大型企业也在硅谷的风险投资市场占据主导地位，而这里正是互联网经济的中心。这可能会对竞争产生负面影响。如果该行业的巨头能够决定哪一家初创企业可以获得发展资金，同时对谁可以获得广告资金并借此盈利具有发言权的话，那么这些初创企业是不可能独立发展的。这进一步巩固了这些公司的主导地位。

当然，五巨头有时也会试图挑战彼此的核心业务。微软正试图联合必应建立自己的搜索引擎，并与职业社交平台领英（已于2016年被微软收购）一起进入了脸书的领域；谷歌也在利用它的视频平台 Youtube 大肆侵略市场，并推出了智能手机 Pixel，以此来与苹果公司竞争；亚马逊也生产了自己的平板电脑，并希望能够借此打击苹果的 iPad。当然，在操作系统市场中，不仅有微软的 Windows 系统，还有苹果公司的 iOS 系统和谷歌公司较为开放的安卓系统，许多智能手机制造商都在使用该系统。

但有一件事是明确的，五巨头现在无法对彼此在各自核心业务上的领导地位构成挑战。而且对它们来说目前也没有值得一提的外部竞争者，尾随其后的科技公司与五巨头已经相距甚远。我们几乎可以笃定地说，在未来几年里，这五大公司依然是市场上的主导力量。而唯一能够激起竞争的则是竞争管理机构。

在根深蒂固的市场势力下，互联网市场可能很快就会受到通常只出现在传统市场中的威胁：惰性增强，创新减弱。因为垄断者不需要害怕竞争，他们不仅倾向于抬高价格，而且倾向于缓慢地开发产品——毕竟他们不需要在足智多谋的竞争者面前证明自己。

但是这种情况还暂时不会发生，因为五大公司仍在通过不断发展来巩固其地位。"浏览器战争"的例子表明，即使是数字经济也不能免受这种惰性的影响。21世纪初，微软的Internet Explorer将前行业领袖Netscape Navigator挤出了市场。此后，对微软来说就再也没有值得一提的竞争对手了。结果是，微软多年来再也没有推出一款新浏览器，因为它无须害怕客户流失。

由于网站开发人员不再为其他不太常用的浏览器优化页面，浏览器垄断变得更加根深蒂固。只有Mozilla的Firefox和后来苹果的Safari以及谷歌的Chrome浏览器能够在市场份额及产品质量方面再次使市场复苏。

五巨头的巨大市场势力不仅仅体现在它们为客户提供的产品上，在选址以及税收方面也是如此。它们受益于这样一个事实：各国的税收制度更适用于工业时代，而不是互联网时代。

实际上，公司税法很简单：公司有收入也有成本费用，其差额便是税前利润。然后就会涉及百分比税，在德国体现为法人税和营业税。对小工业企业来说，这很容易解释，收益产生于其制造产品的销售收入，成本则来源于原料、机器和劳动力等。

但数字公司关注的不是机器，而是无形资产，即知识产权，其中包括专利、软件、算法、商标权等。在自己没有却想要使用它的情况下，则需要支付产权费。大型跨国公司通常有许多子公司，这些子公司之间相互收取这些产权费，并在定价方面有很大的商讨空间。如此一来，授予知识产权的子公司便有了收入，而得到知识产权的子公司也相应地产生了支出。

从企业的角度来看，为了降低自己的税收负担，将知识产权放在税收较低国家（也就是所谓的"避税天堂"）的子公司是有道理的：其他国家的子公司必须向其支付产权费，而产生的高利润却几乎不需要征税。结果就是大多数子公司陷入高成本、低利润的境地，甚至在某些税收较高的国家会形成亏损。简而言之，成本转向高税收国家，利润转向低税收国家。因此，产生最高销售额的国家的财政反而得不到相应的税收。

由于规模庞大，企业有足够的专业知识使世界各地的国家税收体系相互牵制，从而将纳税降至最低。2017年，"天堂文件"（Paradise Papers）披露了一些公司的狡猾行径。文件写明了个人和企业如何利用避税地的空壳公司大大减轻其税收负担。据报道，苹果公司也是其中一员，但它一直否认这些指控。

这些企业巧妙的避税政策为它们提供了另一个巨大的竞争优势，而那些正常纳税的小型企业则必须支付更多税款。因此，大公司不仅更容易以其巨大的市场力量将新产品推向新的市场，它们还始终具有财务优势。它们不仅可以更轻松地创造收入，而且总是可以保留比竞争对手更多的收入，所以它们的利润率始终更高。

对税收受损国来说，情况很糟糕。虽然它们可以向个人和小企业收取高额税款，但跨国公司却可以逃脱纳税。而且，随着这些跨国公司的影响力不断扩大，税基（即政府实际上可以对其征税的金额）却在不断消失，这与公平市场经济的原则背道而驰。人人共享繁荣也意味着每个人都要承担义务，否则，如果那些大企业想要通过避税来削减开支的话，国家只能强制性地从正常纳税的企业中收取更多的税款以弥补损失。

美国现在已经找到了一种方法，可以获得大型互联网公司在"避税天堂"积累的部分利润。在税收改革大幅降低了企业税之后，苹果公司宣布将早先的 25 万亿美元利润带回国内，按照新的条款接受征税，然后利用剩余部分进行新的投资。因此，美国政府可以得到近 400 亿美元的额外收入。

但与此同时，该案例再次说明了这些公司有多么强大。它们甚至可以为整个国家规定一些不言自明的条件。毕竟，多年来苹果公司一直拒绝纳税，只有巨额折扣的承诺才使该集团同意纳税。

对欧盟及其成员国而言，情况比美国更为复杂。这些公司的总部设在美国，因此它们应该向美国纳税。欧洲也是科技公司的核心市场，在其整体业务中发挥着重要作用，但是这些科技公司并未向其支付成比例的税款。

因此，欧盟一直在考虑如何从这些企业中获得部分利益。例如，欧盟委员会提议，应从互联网巨头在欧洲所获得的营业额中而不是从它们的利润中收税，因为欧洲用户的数据为这些集团的业务提供了重要的基础。

然而这一想法将改变公司税收的基本原则。按照税收原则，利润高的企业应比利润低的企业缴纳更多的税款，因此利润是税收的基础，而非营业额。此外，它还会为少数公司创造一种特殊权利。更重要的是，哪些公司要受到新规则的约束，这将很难区分。毕竟，现在有许多工业集团也在进入数字经济领域，例如，正在制造自动驾驶汽车和智能机器的工业企业。

因此，最有希望成功的做法就是从一开始就采取欧盟所认为的长期解决方案，即让所谓的"企业经营地点"概念适应数字经济的条件。到现在为止，国家只能向那些在本国拥有实体商业设施（如工厂或者销售门店）的外国企业征。双边税收协定可以确保将一部分企业总利润分配给该国分支机构并对其征税，而这一部分将无须在本国缴税。

然而这个规定还是与工业时代密切相连的。因此，为数字化经营设置一个新的概念十分重要，以保证本国可以对在他国运营的业务征税。其基础就是在本国的销售额，或者从本国客户收集到的数据量。这样的系统不会与现有系统相悖，而是相互补充。

这种想法早已存在，但实施起来却并不容易。尤其对美国互联网巨头征税总是包含外交因素——特朗普政府将欧盟试图对互联网巨头征税理解为一种不友好的行为，并采取了相应措施使欧洲企业在美国的处境变得更加艰难。如果没有国际层面的协议，此想法就不会取得进展，但人们必须做出尝试。

但是，改变税法只是打击避税的一种方式。目前，欧盟竞争监管机构在欧盟委员会竞争专员玛格丽特·维斯塔格的指导下采取了另一举措：监管机构不能插手税务问题，但可以干涉个别公司得到的未经授权的国家补贴。在他们看来，爱尔兰、卢森堡或荷兰等低税收国家给予大公司的退税就属于这类问题。

2016 年，维斯塔格宣布认定爱尔兰向苹果公司提供了非法税收优惠，她下令苹果公司补缴逾 130 亿欧元的税款。爱尔兰拒绝收税，因为它不想让苹果这样的公司将其欧洲总部撤出都柏林，因此欧盟竞争管理机构将爱尔兰政府告上了法庭。这一案例表明了维斯塔格的严谨态度。爱尔兰政府已让步并逐步实施这些要求。

总而言之，全球经济急需统一的税收规则。但这可能是几代人共同的任务，类似于建立统一的全球货物贸易体系，世界贸易组织多年来也一直在缓步前进着。

"竞争守卫者"需要重新唤醒市场竞争的活力

五巨头能够如此迅速地巩固它们的主导地位，这表明互联网服务行业长期以来不仅受到了市场积极力量的影响，也受到了其破坏性力量的影响。互联网曾经作为各种思想的乐园，为每个人提供了经济机会，现在却已经成为一个权力结构僵化的场所。垄断取代了竞争，这就是我们在这些市场上看到的情况。

路德维希·艾哈德所描述的关键的、富有成效的力量，即持续、纪律严明的竞争现在被削弱了。我们通常相信市场的自主运行会产生最好的结果，但事实上并不是这样。现今的形势会伤害消费者的利益并有损繁荣，尽管这可能听起来很奇怪，因为消费者在使用互联网产品时并不需要花钱。

许多人持悲观态度，认为人们对大公司的过度统治已经无能为力。但其实有许多方法可以保护和激活竞争，从而限制市场势力。这就是我们接下来要说的。在五巨头试图封锁市场的过程中，限制它们是完全有可能的，这需要政府和监管机构作为"竞争守护者"来提供帮助。

有各种措施可供选择。如果企业不公平地使用其市场势力，那么它们就必须受到足以令人望而生畏的严厉惩罚。当然，还有对收购兼并的控制，如果计划中的合并导致竞争衰退，则必须予以禁止。

如果市场在很长时间内没有显示出增加竞争的趋势，则需对其进行规范。政府可能会在关键时刻限制市场参与者的合同自由，并为市场制定新的规则，如定价或限制产品使用。这样做的好处是可以将市场不断推向竞争的方向，而不是像反垄断诉讼程序那样必须打破已经形成的垄断结构。作为最后的升级手段，政府还应该有机会拆分企业，迫使它们分割成不同的部分。但这只是一个理论上的最终手段，至少从今天的角度来看是这样。

竞争政策的改革并非必不可少，但这项大胆的革命可以为市场驱动设置新的护栏。在某种程度上，当局只需要更一致、更严格地应用现有规则，但立法者必须完善法制手段。

如果当局能够成功制定明确的应对互联网市场的新战略，那么我们就有希望消除国家与企业之间现存的尖锐矛盾。与在其他市场一样，企业可能会尝试预测当局所做的决定并据此来避免采取某些做法。从根本上讲，企业与国家之间的博弈是百害而无一利的，对互联网公司来说，这些措施却是十分必要的。

当谈到滥用市场势力时，有一点是十分重要的。要禁止的不是拥有市场势力，而是人们不能毫无顾忌地滥用这些势力。因此，反垄断当局的职责是检查商业惯例，以确定它们公平地对待客户、竞争对手和商业伙伴。因为当下的市场存在持续不断的诱惑，促使企业滥用自己的市场地位以扩大市场势力。

从传统意义上讲，如果一家企业使其商业条件变得更苛刻（如抬高定价或者以其他方式将合作条件向对其更加有利的方向更改），而同时不需要担心自己的销售额会大幅下降时，或者其他企业对其有依赖性，也就是说这些企业的大部分收入都是建立在与这家企业商业往来的基础上时，又或者它掌控着其他公司所依赖的基础架构时，这家企业就会被普遍认为是具有市场势力的企业。

在大型互联网公司中，以上几种情况经常会同时出现。我们以 2017 年欧盟委员会针对谷歌滥用市场势力的指控为例。欧盟委员会指控谷歌使自己的欧洲比价购物服务 Google Shopping 在搜索结果列表中居于其他竞争对手（如 idealo.de 和 guenstiger.de）的购物业务之前。

根据欧盟委员会的说法，如果互联网用户正在寻找他们想要购买的东西，那么 Google Shopping 的搜索结果就会位列其他比较门户网站之前，这也意味着它们在搜索过程中更容易被客户找到。客户高度依赖谷歌，谷歌搜索是他们查找网站最重要的渠道。

根据欧盟委员会的说法，谷歌搜索的算法并没有做到公平。它们没有根据客观标准（如客户点击某些报价的基本频率）来排列结果，而是优先显示了其内部产品。

该案以欧盟委员会对谷歌处以 24 亿欧元罚款的最高处罚告终。这一笔基于欧洲国家或地区购物网站营业额而定的罚款数额巨大，尽管这一年谷歌的收入高达此金额的 30 倍。这次处罚的目的是扣除谷歌过去从不正当行为中获得的大部分额外利润。

该案开了一个先例，表明竞争管理机构现在更加关注互联网公司的行为，并在更好地利用法律手段。一些与之类似的案例正悬而未决，以后大概率还会出现更多类似案例。

许多互联网服务的经济性质可以在不同层次上创造市场势力并迅速产生影响。由于互联网的核心特征，各类平台具有巨大的势力，它们是客户和供应商的聚集地。在谷歌的案例中，平台提供者同时也是另一项服务的供应商，于是它们也会受益于平台本身的普及。

在其他互联网公司也会出现平台运营商和供应商二者合一的情况。如亚马逊一方面是供应商，另一方面还是一个提供其他卖家出售商品的交易平台。脸书也会在选择"时间轴"中显示的内容时考虑到自身利益。近来值得注意的是，脸书高度重视它的实时视频功能，这是该集团最近最重要的创新之一：当用户将视频从手机实时传输到脸书门户时，他们脸书上的好友通常会得到实时提醒。

但这不仅与各个门户网站的市场势力有关，而且还与此类门户网站之间的竞争有关。其中一种情况就是酒店业与缤客（Booking）或 HRS 等酒店预订网站之间越积越深的矛盾，这些网站一直以来都想禁止酒店在其他预订网站提供价格更加便宜的客房。

德国联邦卡特尔局在这类案件中均做出了裁决，认为此种最佳价格条款将抑制价格竞争，并禁止了这种做法。实际上，客户并没有动力同时在不同的比较门户上进行搜索或者与酒店协商客房价格。但如果各种渠道的房价都一样的话，那就助长了住宿服务市场的垄断。因为那样一来，具有最高透明度和用户友好性的门户网站可能很快就会流行起来，然后它们就可以向酒店索要更高的中介费。最后，酒店由于几乎没有其他销售渠道，就只能依赖这些门户网站。

最近，包括曼海姆欧洲经济研究院的经济学家在内的一组研究人员证明了对最佳价格条款的禁令能够使市场恢复活力。许多酒店相继在自己的网站上提供了比在缤客上更便宜的房间。

但由于法院还未进行判决，还需等待这些诉讼的最终结果。

美国大型互联网公司近年来已成为名副其实的集团化企业，这也为它们发挥自己的市场势力提供了空间。因为在一个市场上有强大势力的企业会试图把这种势力转移到另一个市场。

为了确保它们的市场势力，企业会试图将客户限制在它们的产品中。其中一种备受欢迎且不利于竞争的方法是组合产品：如果客户购买了其中一种产品，则会自动获得另外一种。例如，如果客户从特定供应商处购买智能手机，他会发现这部手机已经预装了供应商自己的音乐流门户网站。

当然，这对于供应商来说自然是有利的。两种产品在捆绑销售时都更具吸引力，因为供应商可以将客户从一种产品带向另一种产品。但是，这对于仅出售音乐产品的竞争对手来说却构成了强烈的打压。它们必须努力说服智能手机买家使用它们的产品，而不是使用已经预先安装好的产品。仅为了方便起见，许多客户都会使用手机制造商提供的内部音乐产品。

谷歌的安卓操作系统和微软的 Windows 也是这种情况。使用这两个操作系统的用户会发现，设备上通常会自动预安装同企业的其他软件产品。亚马逊也采用了捆绑策略，每年花费 69 欧元购买顶级客户服务（Prime）的用户不仅可以享受产品免费送货上门，而且还可以使用大量的音乐、电影和其他流媒体产品。其他流媒体供应商（如 Spotify 或 Netflix）的产品都无法与此组合产品相比。因此，当亚马逊的这两个分支部门组合起来的时候，它们比各自在市场上时要强大得多。

过去一段时间里，竞争管理机构一再禁止某些组合产品，因为它们会消除竞争。比如，微软已经在欧洲支付了共计 20 多亿欧元的罚款，但仍然屡遭指控。因为该公司多年来在其 Windows 操作系统中预装自己的音乐和视频播放器 Media Player，使得所有竞争对手的处境都变得很艰难。另外，其浏览器 Internet Explorer 是在 Windows 上自动运行的，因此并没有给客户选择不同浏览器的权利。

在这两种情况下，微软都将一种处于竞争中的产品与它拥有垄断地位的另一种产品，即 Windows 操作系统配对。由于客户依赖此操作系统，因此他们可以同时方便地使用 Windows 自带的浏览器和媒体播放器。微软只是利用了消费者的惰性。

通过限制组合产品，竞争管理机构可以确保产品市场分离，制造商必须在所有市场上分别证明自己的能力。在这种情况下，只有当一种产品的确非常好时才会被大家使用，而不是因为大家可以同时得到另一种产品。大型企业进入新产品领域的起步优势将会因此大大减少。

当然并不是每种组合产品都是滥用市场势力的表现。并非每个在自己的门户中提供产品的平台运营商都会使用这种损害他人利益的功能，也并不是所有使用组合产品的企业都能立即取代竞争对手。但现存的滥用市场势力行为对竞争环境还是产生了深远的影响。因此，竞争管理部门应将重点更多地放在这个方面。

互联网公司会在相对较短的时间内变得如此庞大，因为它们通过收购其他公司得到了许多业务。某种程度上来说，五巨头不断增长的市场势力只是由于纯粹的收购扩张。

与只有在当局主动启动时才会发生的反垄断执法程序不同，从原则上来说，较大规模的并购都会由竞争管理机构进行审查，至少在它涉及重要市场及其市场份额时是这样。过去的所有重大收购都得到了批准。到目前为止，各公司可能得益于当局反应的迟缓，因为互联网市场的特定市场机制尚未完全形成。一方面是因为法律基础还不存在，另一方面是当局对自身的做法还没有调整过来。

在传统行业中，关于发起收购的企业活跃于被收购公司相关市场的问题很好解决，在数字经济中则不同。但是，这一问题通常是市场审查的关键点，对市场在合并或非合并情况下发展态势的估计很大程度上取决于此。

互联网经济的独特之处在于市场是相互联系的。当一家食品连锁店收购了一家连锁书店时，对食品和图书市场的竞争并无影响，因为除了管理和物流的协同作用之外，这两项业务几乎都不会从中受益。在数字经济中情况则可能有所不同：如果一家智能手机制造商接管了一家电影制作商，那么它在这两个领域中都会受益。因为如果用户可以用手机访问电影资料库，那么这部手机将对客户更具吸引力。对于这种关系，竞争管理机构必须更加重视。互联网市场通常比其他经济领域的市场更加广阔。

特别是在以数据收集和分析为基础的业务中，市场势力可以通过合并从一个市场传递到另一个市场。当一个食品供应商和一个图书经销商联合他们的客户档案时，很少会有额外的发现。但是，如果一个互联网平台使用另一项网络服务的客户数据来丰富有关其用户的信息，则可能会带来巨大的好处。例如，如果某个了解用户正在寻找内容的搜索引擎运营商，收购了一个网上零售商，从而也就知道了用户正在购买的商品，那么它就可以进一步完善自己的算法，可以推送更合适的广告。

收购方能够从被收购公司的数据中获得巨大收益的一个例子，是 2014 年脸书以 190 亿美元的价格收购 WhatsApp 的案例，这是该集团迄今为止最大的一笔交易。脸书方面曾表示，两家公司的客户档案无法自动合并，然而后来有关部门才发现这是完全有可能的。这促使欧盟竞争管理机构在 2017 年对脸书处以 1.1 亿欧元的罚款。

法律上的漏洞使欧盟委员会无必要审查此次合并。因为尽管收购金额巨大，WhatsApp 在被收购时却并不是一家收入可观的公司。这也是数字经济的典型特征：许多有前途的初创公司在成立之初并没有多少收入，因为它们倾向于凭借风险资本先扩大企业规模，然后再将其产品变现。而在此之前它们可能就已经成了抢手的收购对象，例如，当它们的用户数量预计会增加或者当它们已经能够建立起庞大的客户数据池时。但是，由于只有在被收购公司的营业额超过一定限额时，反垄断机构才会对合并进行审查，因此近年来未对此类收购可能对竞争造成的损害进行过分析。

因此，更明智的做法是把收购价格作为检验是否需要审查的标准。在德国，该条款生效于《反不正当竞争法》的最新修订，但在欧盟还不存在此条款。WhatsApp 案最终交给欧盟来裁决就是因为一些成员国已经有了相关条款，此案后来移交到了布鲁塞尔。

此外，还有一些其他情况也会导致并购可以不经过审查。一些公司尽管已经非常强大，但它们的收入仍保持在最低额度的门槛以下，因此立法者无法对其进行审查。如果公司只充当服务中介的话，那么它只需要记录很小一部分的销售额，尽管它已经主导了整个市场。其中一个例子就是长途巴士服务商 Flixbus。自 2013 年市场自由化以来，该公司已收购了几家竞争对手。2015年它与 MeinFernbus 合并，一年后又接管了 Megabus 和 Postbus。在德国铁路大举退出市场后，Flixbus 在德国客运市场已实际处于垄断地位。由于该公司只是作为一家中介机构从小型巴士生产商租赁车辆来组织长途汽车客运并销售车票，因此其核心业务的营业额很少。由于营业额较低，Flixbus 对其他公司的收购就没有经过审查，而先前竞争激烈的市场就可能在短时间内被其垄断。

经济学教科书都会提到，市场整合后一般会面临涨价。曼海姆欧洲经济研究院的一项统计表明，在市场垄断之后，所有运输线路的价格在两年内从每公里不到 7 欧分升至略低于 10欧分。

公司提供服务并对其定价、但由分包商落实服务的商业模式，在数字经济中也很普遍，因此立法者必须保持警惕。如果这些所谓的中介机构之间存在进一步的合并，那么必须降低竞争管理机构审查公司合并的门槛。

总的来说，当局在合并审查中必须毫不妥协。否则，太多原本可以刺激竞争的公司将从市场中消失。这尤其适用于数字经济。

竞争管理机构也可以继续自我改善，最重要的是加快运作。过去，许多反垄断案件花费了数年时间，且通常是在程序完全结束之后才发布禁令，但为时已晚，无法扭转滥用行为造成的后果。尽管政府可以利用高额罚款确保公司将其靠滥用市场势力所获的额外利润悉数上缴，但却无法阻止其竞争对手退出市场。因为在此期间，它们的产品可能已经不受欢迎了。因此，即使大企业已经受到了反垄断当局的惩罚，它们的竞争对手也没有机会再次赢得用户的青睐。

在这种情况下，我们认为重要的是，当局能够在诉讼程序的早期阶段发布临时禁令来进行补救。这将暂时禁止可疑行为，这样一来就可以在某一案件正在调查但尚未完成的情况下，有效防止市场结构发生无法挽回的变化。欧洲的竞争法已经允许执行临时禁令，但迄今为止很少使用。如果我们今后想要阻止公司以不公平的手段改造市场，这一点就必须改变。

同样，国家竞争管理机构的国际协同也应该得到改善。欧盟范围内的运作已经十分顺畅，一旦涉案公司的业务不只开展于单个国家而是遍布欧盟多国，欧盟委员会的竞争管理部门就将接手此案。然而，许多公司不仅活跃在欧洲，它们在全世界都很活跃，特别是五巨头。不同国家调查合并和滥用市场势力等案件的结果在一定程度上是不同的。

有些人要求成立一个国际组织，但这其实并不是一个正确的选择。虽然它与国家竞争管理机构不同，比较独立，人们无法指责它偏向于国内公司而苛待外国公司（在这一点上欧洲人与美国人经常互相责备）。但是，就像联合国一样，这样的世界机构可能缺乏实质性的约束能力。

因此，维护竞争的程序应继续由一国或地区当局执行。在国际上，国际竞争网络（简称"ICN"）旨在协调、制定指导方针和分析全球事态发展，此举有助于全球各国或地区当局加快执行最佳程序。

通过反垄断控制和兼并控制的经典手段，竞争管理机构完全有能力在关键时刻阻止互联网市场的势力集中。但是在某些领域，可能不会再存在竞争。有时候潜在竞争对手为了与市场领导者竞争，必须克服极大的阻碍。在这种情况下，可以适当地改变市场监管，换句话说，即由国家进行市场干预，并制定明确的规则。

一个极端例子就是电网的价格调节，以防止电网运营商收取过高的电费。由于每个地区都只有一个电网运营商，因此它们作为垄断者具有极大的市场势力，所以电网价格需要受国家控制。人工定价是一项强有力的干预措施，只有在涉及经济核心市场的情况下运用才是合理的。从今天的角度来看，这可能

一

II 再见，竞争者：互联网经济五巨头

一

不适用于互联网市场。但是，随着数字经济变得越来越重要，这种情况可能会逐渐改变。

这种情况涉及的主要是平台市场，比如亚马逊或 eBay 等购物门户。它们是客户和小型零售商之间的纽带。对于每一次成功的销售，它们都会收取中介费。只要这些平台之间仍然存在竞争，并且客户偶尔会在这些门户网站之外购物，如在经销商自己的网店中购物，中介费就不会增加太多，因为经销商可能会因此停止在这些门户上提供商品。但是，一旦其中一个平台变得过于强大以至于几乎所有在线交易都通过它来进行，那么情况就不一样了。在这种情况下，该平台已经实现垄断，并拥有了抬高中介价格的可能性。为了防止这种情况的发生，国家必须及时进行干预，迫使经营者事先确定中介费或保证金的数额。

如果互联网市场的势力进一步高度集中，我们认为另一种有效的监管方式是通过强制竞争对手进入市场来人为地创造竞争。我们也能够从重要的基础设施领域中了解到这一点。例如，法律要求德国铁路公司通过收取指定金额的费用而允许其他铁路公司在其铁轨上运营。电信公司也是如此，它必须授予竞争对手访问其电缆的权限，以便为客户提供电话和网络连接。同样，邮局也必须投递私人邮政公司此前收集和预处理过的信件。所有这些措施都可以在实际上被垄断的市场中制造竞争。

这一做法可能适用于谷歌的搜索引擎。由于其巨大的市场份额，该公司长期以来一直处于垄断地位。谷歌的成功最初是基于与竞争对手相比，它采用了更智能的搜索原则，使用自动排序的搜索系统，而不是像雅虎那样提供经过编辑的网络目录。然而谷歌如今几乎没有竞争对手，这主要是由于历史搜索查询形成了庞大的数据库，借助算法可以优化搜索查询的结果列表。谷歌多年来一直储存人们的搜索和点击记录，由此形成了巨大的竞争优势。

尽管将迄今为止互联网上所有的搜索查询记录全部归档入一个档案库中对客户来说是一件好事，因为搜索引擎的经验越多，搜索结果就越好。但如果其他搜索引擎算法供应商也可以访问此存档，那便再好不过了。如果人们强制谷歌授予其竞争对手访问档案库的权限，那么就会产生关于最佳搜索算法的竞争，这一算法市场就不会像现在这样，由于一家供应商拥有过于庞大的历史查询基础而被完全扭曲。

但是这仍然只是一个梦想。一方面此做法对技术有很高要求，另一方面也存在数据保护问题。因此，用户的个性化搜索查询应仅在得到明确同意后才可以加以利用，或以高度匿名的形式在此类数据池中流动。但是，如同传统行业中的电信和铁路网络，互联网搜索是现代经济的核心内容。我们认为，对这一领域的竞争管制是绝对必要的。

监管还可以防止供应商成为客户的桎梏，因为如果没有干预，从垄断转向竞争即使对客户来说也会带来太多的不便。传统行业中也有许多这样的例子。近年来，在政府监管的帮助下，人们更换自己的电力供应商或医疗保险所需的程序得到了极大的简化。在这两种情况下，只要填写一些简单的表格就足够了。之后不久，人们就可以成为其他供应商的客户，剩下的繁文缛节则由供应商自己来处理。银行账户也是一样。过去很多客户都不敢更换银行，因为他们必须手动转换所有烦琐的长期订单并销账。而今天，这些步骤都可以自动完成。所有这一切都加剧了竞争，因为在客户选择供应商的过程中，价格和质量才是最重要的考虑因素，而不是做出改变所需要耗费的精力。

那么对互联网来说呢？同样，如果能够更加容易地更换供应商，那将是有益的。例如，如果人们可以轻松地将主数据从一个社交网络的用户配置文件加载到另一个社交网络，或者如果人们可以直接从一个通信网络连接到另外一个（毕竟人们可以从电信向沃达丰打电话，反之亦然），如果人们可以不支付额外费用就将旧手机中购买的应用程序安装到来自另一个制造商的新手机上，这不是很方便吗？这样可以防止手机用户始终只从同一供应商那里购买设备，因为假如更换设备的话，用户不得不重新购买太多软件。

最近有很多关于互联网巨头的力量是否强大到必须通过分拆才能控制它们的争论。德国前副总理、经济部长西格马尔·加布里埃尔在 2014 年的一篇文章中提出了这一想法，认为必须认真考虑分拆问题，并将矛头指向谷歌。

《反不正当竞争法》已经允许公司被分拆，但这只能作为反垄断诉讼程序的结果来执行，或者只能在禁止该公司滥用市场势力行为还不够的情况下予以执行。

100 多年前，第一次实现的对大型公司的分拆实际上也标志着现代竞争法的开端。洛克菲勒家族所拥有的美国大宗商品集团标准石油公司，在 19 世纪和 20 世纪之交的几年里以极其大胆的手段扩张势力，其垄断造成的危害在政治上显而易见。因此在西奥多·罗斯福总统执政期间，标准石油公司被政府分拆为许多小公司。

此后，工业化国家再也没有发生过任何其他的大公司分拆事件了，毕竟此种手段是对市场以及财产权的严重侵犯。但是，鉴于只能用市场垄断地位来解释互联网跨国公司数十亿美元的利润，也许有必要再次采取这类措施。毕竟，在过去的几年里，竞争管理机构已经与企业进行了许多激烈的斗争，但到目前为止，这些企业并没有变得更加谨慎和谦卑。相反，它们一再挑战当局的权威。

因此有人认为，即使在不涉及滥用市场势力的情况下，也可以使用分拆手段。不过，这始终应该作为最后阶段的撒手锏。就如同加布里埃尔所写的那样，它是最终手段。如果在关键市场上存在极其强大而又不可动摇的垄断，以至于无法以其他任何方式实现竞争的话，则可以采取该手段。

以下是公司分拆后有可能出现的情况。例如，脸书可能被迫与 WhatsApp 和 Instagram 分离，也就是与和其实际核心产品非常相似的产品分离。如果 WhatsApp 和 Instagram 再次独立，它们有能力重新制造竞争。亚马逊也可能被分拆，并将销售平台的业务模式与经销商的业务模式分离。这将导致亚马逊平台在客户搜索产品时始终可以显示客观的搜索结果，而已独立的销售公司将不得不与许多其他供应商进行公平竞争来推销其产品。就谷歌而言，可以将其与 Doubleclick 分离。Doubleclick 能够记录用户在网络中的活动，以便向他们提供更具针对性的广告，正是这一部分使谷歌变得如此强大。

实施分拆具有一个前提条件，那就是它必须用于具有宏观经济重要性的市场。对互联网市场而言，目前情况可能并非如此，但情况很快就会改变。而且，即使分拆手段从未在与滥用市场势力行为无关的情况下采取过，它至少也是一种有效的制约手段，因为它一直威胁着企业，提醒其不要远离正确的行动轨道。

结　论

大型互联网公司在公众眼中的形象已经崩塌。就在几年前，它们还被认为是酷、年轻和现代的，现在对许多人来说，它们已成为黑暗的代名词。因为它们利用国家税收制度来减轻税收负担；它们会排挤竞争对手，利用收购将其赶出市场；它们利用了我们的数据，却没人真正知道它们在做什么。

此外，还有其他指控。例如，脸书和许多其他高科技公司一样，来自自由开放的美国加利福尼亚州。据媒体报道，唐纳德·特朗普曾利用脸书在 2016 年的大选中获胜，因为脸书可以评估和利用选举活动的用户数据，而且有利的虚假帖子并未被彻底删除。谷歌曾被指控没有认真对待版权。亚马逊和苹果也因其工作条件差而多次被媒体报道，例如，亚马逊的物流中心或组装 iPhone 的亚洲手机工厂。

对普通公司而言，如果公众对它们的看法由好至坏，则可能会危及公司的生存。然而到目前为止，负面的舆论形势几乎没有影响互联网巨头的业务，它们的营业额仍然快速增长，股价走势良好。这也是市场势力的标志。

近年来，竞争管理机构明显加大了对五巨头的打击力度，巨额罚款证明了这一点。但到目前为止，这并没有阻止它们探索的步伐。当然，以上情况所涉及的都是新兴市场，在这些市场上，通常尚未明确规定人们可以做什么、不可以做什么。然而这些企业似乎在有意地不断试探监管者的底线，竞争管理机构应对此做出坚定回应。

但是，应积极采取行动的不仅仅是反垄断当局，毕竟它们只能处理个别案件。因此政府不仅应致力于制裁可能的违规，而且还应采取更多行动，从一开始就通过审慎监管来防止潜在的弊端。

所有这些举措都可以促进互联网市场上的竞争，并限制五巨头的力量。这是为了其他公司的利益，更是为了用户的利益。

.

Ⅲ 好数据，坏数据

——数字经济下的挑战

"免费" 网络产品的代价是我们的信息

你有脸书账号吗？如果有，那你不妨在基督降临节时发条状态，说圣诞老人马上要到来了。你可以在这条状态中问：圣诞老人是搭乘一班普通的芬兰航空班机从拉普兰过来，还是搭一种特殊的飞行器？接下来，你非常有可能马上会在脸书"时间线"上收到芬兰航空公司的广告。

这个例子很好地表明了数字经济已经取得了极大的进展。事实上，我们在互联网上做的所有事都被记录在案并受到评估，以便优化网络广告的投放。尽管很多人声称这完全行不通，至少现在还不行。不过做出这种论断的不仅是对互联网经济操纵社会发出警告的人，而且还有想要以传统方式贩卖网络广告位的人。

当然很好理解的是，那些在发状态时使用了"芬兰航空"一词的人，也对芬兰航空的航班感兴趣。因此给这些人发送相关广告自然是值得的。但是算法并没有领会这些发布新鲜事的人的真实想法：发布这条状态仅仅是开一个玩笑，并不是真的和芬兰航空有关。理解讽刺的话语，即便是对于人类来说，也已经很难了，目前看来对于算法来说要更难一些。

如果你有一个谷歌账号，那不妨让谷歌展示一下，基于你的搜索行为，你看起来对哪些事感兴趣。很多推断应当是很准确的，有一些则不然。如果你有脸书账号，那你不妨浏览一遍所有在你时间线上出现的赞助广告。所谓赞助广告，是因有人付费而得以在你面前展示的广告。如果你不是知道如何无痕上网的网络专家，那么你可能会认为，脸书的算法可以很好地对你进行归类。算法很可能知道你住在哪儿、你的政治立场、你业余时间都做些什么、你都把钱花在什么地方或者不花在什么地方。但是你并不会感到每一个广告都能真正打动你。

可以肯定的是，假设有人固定用某个外卖软件订餐到家，这时向他展示其他外卖软件的广告则是有意义的。但是假设中等收入的某人一生中尚未拥有轿车也确定不会买轿车，给他展示捷豹汽车的广告则算是剑走偏锋了。算法并不明确了解我们到底对什么感兴趣，算法做出的是预估，即预估我们对某事感兴趣以及点击相应广告的可能性，然后推送那些广告。

至于网络广告与理想目标人群的匹配，在今天做得好还是不好，这一点尚无定论。但可以确定的是，网上的很多特价活动遵循的正是这个商业模式。比如用户获得的某项服务之所以是免费的，只是因为用户在享受这个优惠时出卖了自己的信息。

用户的个人信息会受到评估并用于投放个性化广告。因为用户对优惠活动表现出了关注，我们也可以说，对用户展示的广告也获得了用户的关注度，至少是一部分的关注。

所谓的对网络用户的追踪——即记录与评估我们所有的网络活动——现在所涉及的范围甚是广大，不仅仅是我们在网上浏览过的网页或者网购过的产品，还包括用户活动画像以及"在和谁交流"等方面。你不妨看看你的智能手机，哪些应用可读取哪些信息：一些可以记录你的 GPS 卫星定位，另一些有权知道你存过的电话号码，或者知道你用过哪些无线网络。

世界上成千上万的公司都在收集用户信息，并将之聚集到一起，以便从中获取更好、更有价值的资讯。对一个用户了解得越多，就越能准确地将其按不同的范畴进行归类，也就能更精准地对该用户投放广告，于是该用户的购买欲望就更多地被激发出来。至少理论上来说是这样的。

在这一过程中，越来越多的所谓人工智能被投入使用。此前，程序员需要让系统学习找出网络用户的行为模式。现在，电脑系统不再需要做这项工作，而是会自主学习识别新的模式，并且自行推断出我们可能对哪些产品感兴趣。

很多在过去需付费的服务今天在网上可免费获取——因为有广告主在背后资助。以前，人们寄信时需要支付邮费，今天人们可以免费寄送电子邮件或者发送其他的电子信息，比如视频消息等。在网络时代之前，人们想要阅读新闻就得买报纸，今天所有的新闻在网上都是免费的。在今天，要和朋友保持联系，通过免费的社交媒体即可实现。在以前的话，则需要花更多的成本打电话或者写信。

虽然所谓优惠在今天并不是真正的免费——因为我们为此付出了信息和注意力，但是真正用欧元标明的价格，就像我们平时要购买某项服务或商品时习惯支付的那样，对网络信息不再适用。在这一规则上，网络经济学与路德维希·艾哈德时代的市场经济学截然不同。

在市场经济学中，价格作为一项均衡机制对于市场活动来说有着决定性作用。价格使得买方和卖方走到了一起。如果价格高于卖方期望收益的最低值，同时低于买方愿意支付的最高值，则交易可以实现。价格同样使同一市场产生品质差异：如果卖方无法提供最优商品，但是可以为此标出一个相对更低的价格，也有可能生意兴隆。

但现在很多网络服务并不会明码标价，这改变了市场业态：市场垄断的趋势，也就是市场上只有一家卖方占主导的趋势明显增强了。因为当一切总归都是免费时，所有人都会选择最优商品。专家称，这是一种赢者通吃的市场。从消费者利益的角度，谁占优势，谁就能迅速占据整个市场。市场集中化的趋势在网络市场上毫无疑问已经很明显了，但是免费使得这一趋势更加明显。

可以想见，用户在使用服务时所留下的数据也会生成某种定价机制。比如说用户也许会选择那种所需个人信息更少的服务。而与此同时，卖方也许开始吸引顾客，宣传自己对用户信息的截取其实少之又少。这在现实中虽已有些许端倪，但仅是些许而已，在各种应用软件的竞争中目前还没有起到多大的作用。

大众依旧无法看清，哪些商家会存储自己的哪些信息，同时也无法判别商家提供的优惠是否合理。也就是说如果用欧元，而不是用信息及关注度来换算，顾客信息的价值与商品原本可能卖出的价格是否相匹配。

用信息替代价格——我们可以这样来很好地形容互联网经济的新模式。事实上，曼海姆欧洲经济研究院2016年的一项实证研究表明，我们可以在信息收集与价格间确定一条基本的相关性：安卓系统的付费应用截取的网络用户敏感信息要远比那些免费应用少。这佐证了一点：信息的泄露也是一种价格形式。正是从这一点，我们可以从逻辑上认为，手机应用的编程者最终可以以这种方式从别处获得收入。

很多意见领袖甚至声称，信息在未来会完全排挤货币的地位，以至于我们在未来只是来回交换信息。但是这种论断是站不住脚的，谷歌和脸书的巨大商业成功表明，通过这种新型商业模式可以赚取多少真金白银。用户为免费使用互联网服务而提供了个人信息，这也是一种消费。在优惠平台的另一端是企业，它们花大量的资金来吸引用户的注意力。企业花钱让自己的广告能被顾客看见，或者像谷歌一样，用于让顾客点击广告。在全世界范围内，广告支出近年来都大幅提升（见图3）。但这仅仅是因为移动客户端的广告市场（比如在手机或平板电脑上的广告）的爆发式繁荣；其他领域的广告则发展停滞。

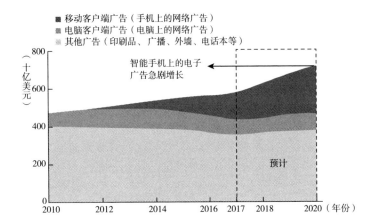

图 3　世界范围内的广告支出情况

但即便在未来，用信息交换服务也只在特定的市场上有效。我们即便向卖家提供个人信息，也不可能因此完全免费获得食物、火车票、手工业服务或者服装。现在虽然有些端倪：使用打折卡（比如返现卡）则意味着消费记录会是公开的，也就是说出卖了自己的数据并因此获得了优惠。但打折和完全免费有很大的差别。商店或者航空公司发放可以积分的顾客卡，其主要目的还是为了留住顾客而不是为了个人信息本身。

数据是第一生产力

我们身处于数字化变革中，数据的作用远不局限于市场营销领域。当然，通过数据挖掘可以更精准地投放广告，这是数字经济的重要内涵——这是一个数十亿级的市场。但如果只看到这一方面，那我们也许完全低估了正在发生的这场变革。在很多行业中，数据已经变成了第一生产力。

在很多领域，各种新机遇并不像在广告业中一样充满矛盾。当然有人觉得广告也不错，特别是当广告制作得符合其偏好时，但是对于很多人来说，广告单纯就是个讨厌的东西。

与此相对的，现代的数据分析大大推动了医学的进步，这一点毋庸置疑。医生可以更快更准确地诊断各种疾病。因为医生可以通过庞大的测试结果、专业文献与药物清单数据库来判断病人的检查数据和过往用药史。即便是人类在很多领域依旧领先并将一直领先于电脑，但再好的医生也无法取得这样的成绩，即便他对相关疾病的研究有多年的经验积累，也无法穷尽某一领域的所有研究。

在其他学科中，大数据也对研究起到了推动作用。通过更庞大的数据量、挖掘数据之间新的联系、更好的研究方法，社会学家与经济学家都能处理那些他们之前只在理论层面上研究过的问题。

甚至在工业领域，数据发挥的作用都在不断加强，不仅体现在生产过程中，还体现在产品本身上。相应的关键词是工业4.0以及物联网。世界各地的工厂通过网络联系在一起，并且可以一同受到远程控制。测量仪器比以前要先进得多，因此发现错误也变得更加容易。与此同时，通过所谓的预维护，具有威胁性的问题也可以从一开始就得到化解。现有的产品得到了进一步优化，3D 打印机可以飞速生产出合适的、个性化的产品部件，即使是特别小的部件；汽车更安全了，因为制造商持续收集并评估各部件的功能数据。类似例子比比皆是。

此外，物流业也变得明显更有效率。数据分析使得仓储和运输都得以优化，从而保证了所需货物不会在仓库中发霉变质，或者白白从 A 地搬到了 B 地而没有被利用。

大数据同样改变着农业。全自动的挤奶机今天已经可以通过颈环来识别母牛，同时将产奶量的数据直接发到农户的智能手机上。现代的拖拉机可以存储播种时的行车轨迹，之后就可以依照完全相同的路径行驶，以免压到农作物。施肥机可以实时检测周围作物的状况，从而可以在相应位置喷洒适量的化肥。

减少投入品使用量——这一目标在能源供应领域同样适用。智能电网可以协助推进计划中的能源升级。这就意味着发电部门与用电部门之间要相互协调，从而使电力的供需更加平衡。当需要电力时，机动灵活的发电厂可以随时供电。同时，当电网中供电过多而致使电价低廉时，用电方更多的机器和仪器就开始运转。所有一切的运行都有一个先决条件：需要有足够的数据来说明"谁在什么时候生产和使用多少电力"。

数字经济在很多地方强调的完全就是"节约"二字。通过数据分析，整条生产、加工和使用的链条都可以在经济效率方面得以优化。麦肯锡咨询公司做出推断：世界范围内，首先会有一小部分公司获得效率优化效益。当商业在巨大的价格压力下飞速发展时，其他的领域很多潜能仍有待开发，比如各类国家事务机构、健康管理部门或者中小企业。

诈骗等犯罪活动在数据分析之下也会无所遁形。当发现信用卡用户不断被划款而取款地是各个不同的地方时，监控系统就会自动报警。因为这个时候信用卡有可能已经被盗了。在报税或公司结算时谎报数据的人有一定机会被抓到，因为在其文件中有些数据出现得太过频繁，而有些数据则很不常见。因为当数据的形成是由于巧合而不是由于造假时，数据的分布就会呈现一种较为清晰的状态，这就是所谓的"本福特定律"。如果这些数据是人随意编造出来的，就必定会在统计上很扎眼。

保险业同样享受大数据的福泽。如果有人提交了虚假的受损报告，也会被轻易发现。大数据并不分析当事人本人，而是分析当事人提交的报告。与数据库的对比分析可以证明这位客户是否在先前使用过完全一样的语言描述过上次损失，如果有的话，就是显而易见的造假。

以上只是部分例子，来证明现代的数据分析如何优化产品和工作流程。数据的体量、分析的质量与方法在其中起了决定性作用，而这几点在过去几年中都得到了飞速发展。

数据、数据、数据，目前全球各类服务器上存储并通过网线呼呼传输着的数据的规模已经极其庞大。美国通信设备生产商思科（CISCO）估计，2016 年世界范围内，在用户电脑以及大的计算中心存储的数据量已经达到了 1800 EB [1] 之巨。到 2021 年，这一数字还将翻两番。

虽然现在的信息传输速度仍然有待提高，但信息传输的发展日新月异。如图 4 所示，2016 年，大约有共计 1150 EB 的数据通过 IP 系统被来回传输，预计 5 年后体量将增加到 3300 EB。在此可以做一个对比，根据思科公司的估计，届时全球每分钟交换的数据量差不多会是迄今为止人类所拍摄的所有电影的总和。现在，大多数的数据还来自个人用户，但是随着工业数据的互联，各大公司所生成的数据将占据多数。

在数字时代，数据成为生产要素之一，这一点毋庸置疑。但是数据的本质属性并不明确。数据是原材料吗？是，又不是。之所以说是，是因为通常来说，数据是创新和新产品的基础，生产要借助数据来实现。但是从细节上来观察，数据又与原材料有着本质的不同。原材料一经使用则不复存在，而数据并非如此。数据一直存在，可以一直使用，也可以用在别的地方。

油、黄金或者铜等都具有稀缺性，但数据没有，虽然某些设想中有价值的数据压根不存在或无法获得，但是已有的数据一般是可以一直使用的。从经济学的角度来说，数据更像是俱乐部产品，而不是私人产品——目前数据还不是公共产品，不

1　艾字节，1 EB = 1024 * 1024 TB。——译者注

能为所有人同等使用，但是数据确实可以被多人使用。就好像高尔夫球场，只有俱乐部会员可以入场，但是可供多名会员同时使用。

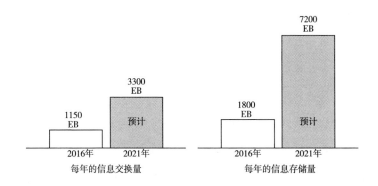

图 4 世界范围内的信息交换量和存储量

　　数据量正在不断增加，并将一直增加。一般的原材料在地球上的可使用储量是有限的，但对数据来说，其储量仅受存储器的数量和耗电量影响。但即便是在所谓的"边际效用"上，数据与其他原材料也有所不同。这里边际效用是指每增加一单位原材料所增加的产品产量。一般的原材料会呈现稳定或递减的边际效用。比如生产电缆时，每增加一公斤的铜，都能多生产一定长度的光缆。但数据并非如此，数据量越大，数据间的联结就会越多，所获取的知识就会越完善。因此，数据的边际效用甚至是递增的。

　　有一种流行的观点是，数据是新的石油。这一观点在很多情况下是适用的。像石油对工业和交通来说是决定性的生产要素一样，数据对于数字经济来说同样举足轻重。但是除此之外，这两者截然不同。

数字经济带来了巨大的机遇，靠的是借助更多的数据、新的研究方法、更强的运算能力和新的商业模式。工业中，生产将变得更加有效率、更快捷、更廉价，产品将更节能、性能更好。服务业者可以更有针对性地研发产品。顾客的需求也将更明确，这就意味着供应商可以更好地进行调整。

再想想新闻行业。先前，编辑很少能获得读者的反馈。有时读者是通过打电话、来信，或者有时会通过偶遇来与编者联系。除此之外，报纸杂志的记者、编辑就按照自己认为正确的方式去写作。至于头条文章是否真的是读者认为最重要的文章，这个没人知道。网络新闻业的崛起让事情有所不同了，人们突然可以准确测算某篇文章的点击量，以及读者在这篇文章上所花的时间。其结果是，今天的新闻网站需要以用户的需求为导向来优化。这使得新闻业在某种程度上更加民主，也更加屈从，因为当人们知道了读者的想法和需求时，编辑的意见变得更无足轻重了。

数字经济不仅使得产品更加适用、生产成本更加低廉，在有企业经济学意义上的效益之外，它同样在国民经济学的意义上带来积极影响。由于更多的数据可供使用，新的数据、新的数据评估技术以及数据处理技术使得整个市场都运行得更加流畅。各种市场主体要对市场有个整体了解绝非难事。同时，信息不对称的情况会越来越少。

在以前，卖方一般来说要比顾客更了解产品的质量。但是今天，在网上人们可以看到其他用户给出的所有评价，要找到产品试用报告也很方便。因此对哪种产品最适合自己，顾客并不比商家知道得少。当然了，评价中总有一些是虚假的，商家也知道用什么技巧可以让自己的产品受到更多关注。但是整个体系基本上还是经得住考验的，顾客在很大程度上对其他人的评价是信任的。

顾客更了解的不仅仅是产品质量，还有产品的一般价格。这一点同样也使得市场更有效。当某一商家发动价格攻势时，一定会被注意到。也就是说，商家借由信息不对称而妄图持续以高价向顾客售卖某一产品的可能性越来越小了。

额外的信息使得市场越发有效，这对竞争来说通常是好事。因为所有人都对产品质量的真相有足够了解，质优价廉的产品销路自然更好。以前，市场的滞后性使新的商家不得不努力以更好的产品来对抗市场上的老牌巨头，因为顾客对新商家肯定所知甚少。这种状况在今天已经大大改善了。

但是在定价一事上，掌握更多信息的商家也还有优势。例如，电商商家可以毫不费力地持续修改商品价格，并因此受益。电商商家可以不受工作时间的限制——传统上，让员工在下班时间工作需要支付更多报酬。商家也可以让顾客多掏钱，如果顾客用 App 购物而不是直接在网页上购物——这背后的考量是，这种顾客不会花太多的精力去对比价格。对于用昂贵的苹

III

好数据，坏数据——数字经济下的挑战

果平板电脑打开网页的顾客，商家可以收取更高的价格来提高自己的收入，已经有一些报道称大型电商似乎就是这样做的。

乍一看这样的把戏很令人生气，但其影响从经济学上来看未必一直是有害的，因为此种所谓的价格歧视不放过任何一位顾客，这使得竞争更加激烈了。此外，不想当冤大头的顾客也将得到奖励——这指的是那些在购物时会额外花精力对比价格的顾客。

基本上可以说，当价格歧视使顾客买不起正常情况下（所有人支付统一价格时）能买的商品时，此种价格歧视就是恶性的；如果价格歧视让某种商品对更多的顾客都相对物美价廉，那它就是良性的。

掌握数据，掌握话语权

数字经济的崛起带来了很多期待，但同时也有负面作用，并且在市场和竞争有效性、信息安全性方面都潜藏着巨大的风险。在很多情况下，人们需要努力将风险维持在可控范围内。在很多领域，这种风险甚至已经十分明显，以至于人们权衡之下宁愿放弃某些基于信息流的创新技术。稍后将对此详加分析。

事实上，并不是说有更多数据可供参考，市场就一定会运行得更好。正如上文所述，更多的数据有利于交易的进行，但是对市场来说，基于数据的网络服务市场（如社交网络或是搜索引擎）会更加趋向垄断，原因正在于数据太多。

即便是反垄断部门——以及最近为维护竞争而努力的立法机关——也必须要为大数据这一主题做出相应调整。只有这样他们才能阻止竞争走向消亡，因为单个企业的市场份额在不断扩大。这主要说的是各大互联网企业搜集的数据，这是互联网企业最大的资产。只有基于规模庞大的顾客信息，互联网企业才能出售更昂贵的、更精准的广告位，将其产品及产品线准确地和顾客显性或隐性的需求相匹配。

当反垄断部门需要对企业并购进行判定时，巨额的数据就成为关键点。在过去，不同市场的企业合并通常是不被禁止的——说到底，合并的各企业在某一市场的优势很少会因为在另一市场的优势而加强。但是在数字经济中，1+1>2 的情况常有发生。因为当顾客的两种信息或者和其他人的信息互相联结时，就有产生数据分析和使用的全新可能。基于递增的边际效用，企业很有可能因为在另一市场的活动，而使得两个市场中的优势都得以加强。我们显然需要以批判的眼光去审视这种合并，必要时甚至应当加以阻拦。

联合的信息搜集还会带来一种风险，即潜在竞争者将会遇到市场壁垒。联合企业建构的数据基础如此广泛而有价值，以至于新的竞争者几乎没有任何机会在有限时间内搭建出类似的数据基础，因此他们根本不会尝试进入市场。

加拿大汤姆森（Thomson）媒体公司 2008 年对英国路透社的收购案就有垄断嫌疑。两家公司都活跃于证券和金融信息市场，也向自家用户提供股票价格、国民经济宏观数据、公司财

报数据和多种预测信息的下载和使用。可见这两家公司在过去
存在激烈的竞争。由于收购很有可能导致这一市场出现垄断局
面，因此反垄断部门强制要求路透社在被收购后需出售一部分
后台信息。这一措施使潜在竞争者有机会接触到重要数据，从
而在与其他公司同样的数据基础上进入市场，参与竞争。在这
一措施实施之后，收购才圆满完成。

数字经济时代商业模式的另一特点同样也对当局提出挑战：
很多互联网创业公司在头几年没有营业额——因为他们免费提
供产品，而产品还未能通过广告收入变现。一般来说，他们都
背靠风投，因而可以在一段时期内持续亏损而继续存活，这一
时期这些公司的主要目标无非是积累有价值的数据。

迄今为止，当涉及是否需要对某一申报的企业并购进行调
查或审批时，或者在考虑这一并购行为是否无足轻重时，反垄
断部门主要依据的还是销售额。迅速成长的创业企业往往因为
拥有珍贵的数据和客户信息而被竞争者以高价收购，这并不少
见。但是因为这些创业企业的销售额远低于平均值，这类收购
案并不被认为影响市场竞争活力从而被审查。2017 年，《反不
正当竞争法》经历了一次修订，在此之后上述漏洞就已经被修
补了，至少在德国是如此。此后，收购价格也成了更精准的并
购调查中的一项指标。因为，高价收购意味着有暴利可图。

确定数据的价值是一项全新的任务，比如说，企业收集的
数据放到资产负债里的话可以折合多少资金？就像房产、工
厂、机器或库存这类公司资产，公司可以借此生产并出售产品；

人们可以相对清楚地算出，上述资产的大致售价及其相应在资产负债表上的价值，但是确定数据的价值却很难。毕竟，数据的销售并不是一锤子买卖，而是可以反复地被售出。

因此，数据的售价通常不高，卖家通常收取少量费用就会出售单个用户的信息。一个数据集的总体价值应当是该信息在较长的一段时期内一共卖出的价钱。因此，数据的价值只能估计，并且只能基于预期。比如一家企业要收购竞争对手及其庞大的数据，它给出的价格就显示了它对所购资产价值的预估。

当谈到竞争是否激烈时，重要的并不只有单个市场中的单个企业所拥有的数据量。受程序员调教的算法和人工智能系统已经可以进行各种决策，这也将产生重大影响。比如，企业可以通过这种自动化的系统为产品定价。

可以想象，在市场上活跃着的所有公司都会使用上述机制。各方的算法非常有可能推动一场激烈的价格战，并尝试你来我往地制定出比对方更低的价格。但正是这样我们可以想见，这个体系在运行中极有可能具有卡特尔的特质，比如所有系统共同给出高价而排斥竞争。

这种所谓的串通无疑给反垄断部门带来了挑战。一般来讲，反垄断部门可以通过各种蛛丝马迹来识别卡特尔，因为如果处于竞争关系的公司总经理之间达成明确的约定，时间一长，这种约定总有一天会大白于天下。但是如果系统算法之间约定保持高价时，又会怎么样呢？可能程序员并没有把这种思维方式编入程序中，但是算法同时做出了这样的决策。

企业分别或同时调整价格，在一般的产品市场中都是很常见的。比如，各大加油站都经常在早上的出行高峰期抬高价格，晚上价格则会回落——这是心照不宣、无须多说的。牛奶价格也是如此，当奥乐齐（Aldi）超市调整牛奶价格时，会牵动其他的连锁超市也跟着行动。在卖方数量较少且大量出售同类型商品的市场上，这一行为影响尤其巨大。

这对于顾客和竞争而言都很棘手。有关部门要惩罚这种密谋行为也不容易，因为很难给出清晰佐证。同时也要区分价格什么时候是被炒高、什么时候是在竞争中合理升高。

当价格决策越来越多地由计算机而不是由人做出时，反垄断部门的任务就愈加复杂。因此重要的是要去了解在什么样的市场中出现了或者会出现协同行为，因此需要进行深度的行业调查，然后使用所获的知识来调查具体案例，比如滥用市场势力的行为或并购决策。在一些协同行为难以避免的市场，当局应对并购行为抱有更大戒心。

在另一个领域，竞争政策走得更远。基于互联网提供免费服务来交换信息和关注的特性，反垄断部门在《反不正当竞争法》修订后能更好地应对这类市场了。修订后的法律规定，即便是顾客完全不用付费，其活动也属于市场行为。这说的正是上文提到的谷歌、脸书等公司的状况。以前这种行为与市场无关，因此旧的《反不正当竞争法》无用武之地，反垄断部门不便介入。即使想要介入也得找出必须介入和对此负责的理由。

不过，企业和顾客的联系只是平台市场双面关系的一面。

在另一面网络广告市场上，一切才是真金白银的。除此之外，用户信息的收集和评估能影响竞争程度，正是这一认识推动了上述《反不正当竞争法》修订。在此之后，反垄断部门也可以介入这类市场并发挥作用了。

传统上来说，对竞争的调查程序都要涉及价格，比如调查顾客或经销商是否被收取了高价。在数字经济中，我们还需要关注其他特征。比如使用条款，这些特征可能妨碍竞争。专家们不断地在建议，应从商业竞争法的角度对网络服务商的各种"一般性条款"进行调查。

最近，在德国联邦卡特尔局和脸书之间正发生着一场令人紧张的争论。联邦卡特尔局指责脸书使用各种严苛用户协议的行为，是在滥用其在德国社交媒体市场的垄断地位。激怒联邦卡特尔局的是，用户必须同意脸书将从其他来源获取的信息与用户本人关联，才可以继续使用该公司的服务。具体来说，用户向Instagram 或 WhatsApp 等脸书的子公司甚至是第三方公司提供的信息都被强制和脸书网站上的信息合为一体用于分析。

虽然可以反驳说，没有用户被强制注册脸书账号，或者说严苛的一般性条款没有真的强制用户做什么。但是因为脸书实际上几乎占据了整个市场，这种反驳站不住脚。对于想加入社交网络的人来说，并没有第二种选择。

这一事例反映了网络服务的一个根本问题：用户从始至终只有以广告为盈利模式的互联网产品一个选项，并没有其他可能性。但是，我们也许可以设想有两种模式：一种有广告赞助但免费使用，用户用提供个人信息和接受广告作为交换；另一种是付费模式，无广告，也不收集用户任何信息。

付费价格很容易估算。2017 年，欧洲有 3.62 亿用户平均每周至少登录一次脸书。当年脸书在欧洲的广告收入约 97 亿美元，即 86 亿欧元。粗略一算，企业平均每月需要在每位用户身上赚取 2 欧元。对于这样一个价格，很多用户可能会考虑使用付费模式。因为脸书对其价值显然不止 2 欧元，如果不用脸书的话，我们要怎样才能对社交圈的新鲜事有如此细致的了解呢？

但是，付费无广告的脸书页面至今还不存在。一种原因可能是，至少目前广告收入比用户付费增长快得多。与 2015 年最后一季度相比，脸书在 2017 年最后一季度的广告收入翻了一倍，而用户数量只增长了 15%。

2018 年 4 月，扎克伯格在美国众议院的陈词些微透露出，该企业确实考虑过建立抓取更少信息的付费模式。同时这位脸书公司的领导者明确表示，免费且投放广告的模式也将一直存在。对这一点脸书在其网页上也做出了承诺。

扎克伯格被美国国会要求当面解释脸书在英国剑桥分析公司的数据泄露丑闻中发挥的作用。英国剑桥分析公司在过去非法购买了某应用软件商从用户及其友人处收集的数据。当时，脸书的使用条款中仍允许第三方软件抓取信息。英国剑桥分析公司有利用用户信息干扰大选的嫌疑，即便是罪名的可能性不大，也已经引起了群情激愤。

脸书本希望可以重新获得用户在数据安全上的信心，但现在来看无疑越发困难了。不过脸书看起来还没有明显的经济损失。

如果企业将严苛的使用条款强加给用户的趋势继续发展，反垄断部门肯定会适时介入并强制要求企业推出付费模式。这在数字经济中不是没有可能，我们不妨看看 Spotify 的例子：如果顾客不介意歌曲播放中途被插播广告的话，用户可以免费使用这个软件。否则用户则需要缴纳每月 10 欧元左右的费用，来避免听音乐中间被广告打断。

无论如何，谷歌最近也实验性地发布了一款帮助用户免除广告的付费服务，主要针对谷歌管理的插播广告的网站。通过一个所谓的"广告感知系统"（AdSense-Program），谷歌到外部网页上出售广告位，并且给外部网站的运营商分红。这种模式对外部网站运营商来说好处在于，他们不再需要自行寻找广告客户，这不仅费力气，在谷歌和脸书在广告市场占绝对优势的情况下，也不切实际。在这些外部网站上，用户只有在向一个账户中充值后才能屏蔽网页上的广告。每打开一个屏蔽广告的网页大约要花 1 美分。但是迄今为止，参与这项计划的网络运营商还很少。

阻止企业收集信息的除了反垄断部门，还有信息保护主义者。比如 2018 年初，柏林州中级法院对德国消费者中心的观点表示认同，即脸书的使用条款违反了德国的《消费者保护法》。当时此事的焦点是，在用户没有明确表示抗议时，有多少活动信息被自动记录下来并传播出去，比如用户访问过的网页的相关信息。一般情况下，信息保护法要求用户需要对此种行为做出明确的认可后才可以记录和传播。但是在脸书上，很多需认可的条款都是在预先设置时就默认通过了，除非用户表示明确反对。

预先设置默认诸多条款的行为已经成为普遍现象，这使大多数用户对公司到底拿他们的信息作何用途所知甚少，或者毫不知情。2018 年初，一项针对奥地利脸书用户的调查佐证了这一点：大约三分之一的人知道自己通过确认使用条款同意了脸书利用其个人信息；五分之一的用户甚至错误地认为，同意使用条款是明确拒绝了脸书抓取客户信息，这实际上是不可能的，因为用户一旦拒绝，他们根本无权使用脸书。没人知道同意使用条款给了这家来自硅谷的公司哪些权限。

这一例子表明，要全方位认清商业关系是很难的。一般来说，价格是最重要的商业特征，但在数字经济中是个例外。用户在处理各种条款时看似是有行为能力的人，然而又不是。以下情况我们都很熟悉：在网上，你需要多点击几下来确认真的阅读完了很多页的使用条款，但事实上，没人会真的通篇阅读。收集信息的互联网企业利用的正是用户这种无所谓的心理。

互联网广告赞助带来了持续的冲突。对企业来说信息是业务的基础，也是可以放手去干的自由。但用户及信息保护者、消费者权益保护者关心的是不要泄露太多的信息。如何正确地处理用户信息与使用条款？这样的争论会继续下去。和其他市场上的讨价还价一样，这里讨价还价的是双方都能接受的对信息的使用程度。但是最后真正做出决定的通常是法院，而不是用户本身。

只有基于可信赖的数据保护才能实现成功转型

大数据涉及的很多风险都与信息保护有关。当谈到数字经济时，信息保护是一个无法回避的话题，其他的还有失业等，这一点我们在下一章会论及。

其他人对自己所知甚多，这让人很不踏实。更不踏实的是，我们还不知道他人到底知道些什么。黑客是否也能获取这些信息？企业是否会通过各种营销伎俩来操控用户？

剑桥分析公司的丑闻让人们群情激愤，引出了上述所有担忧。我们很有理由怀疑这样的小公司是否真的有能力通过网络广告操纵成千上万的选民，影响他们的投票结果。事实上，与其他事件相比，此事也许微不足道，但是它表明，数百万人的个人信息轻易就落入"贼人"之手的担忧不无道理。

企业基于营销目的而收集已有顾客和潜在顾客信息，用来有针对性地投放广告，这在互联网时代之前就已经有了。但是在路德维希·艾哈德和紧随其后的时代，商家得亲自动手收集顾客信息。他们对老顾客相当了解；客人现有的购买记录、偏好、个人背景都被商家铭记在心或记录在册。当时的手段明显还很粗浅，但人们已经开始尝试让广告投放更加贴近目标客户群体。比如那时，商家会倾向于把昂贵的腕表广告登在《法兰克福汇报》《德国商报》《图片报》上。原因很简单：这些报纸的读者收入更高。

与过去相比，今天数据收集的范围已经远远大过当初。还有一个差别是，网络可以精准定位目标客户群体。当今，网上能找到大量个人信息，使得用户会觉得隐私受到威胁。隐私本应不为他人所见，或者至少应由本人决定哪些信息可以公开、哪些不可以。

对信息感兴趣的不只有企业或罪犯，还有关部门。在全球性恐怖主义抬头的今天，有关部门也许需要比以往任何时候都更加警觉。但人们会很害怕无辜地进入执法者的视野中，比如仅仅因为自己的某些信息不明所以地引起关注。算法错误地预测某人可能喜欢捷豹派汽车无伤大雅，但是利用大数据搜寻罪犯时，如果错误地判定某人与恐怖分子有联系，那么就会产生很严重的后果。

有关部门需要努力获得公众在网络信息安全方面的信任，需要扼杀骗取信息后又骗取财物的犯罪行为。在依法治国的同时，防止安全部门对公民进行任意的监控或怀疑。还要对经营信息评价和买卖业务的企业设立权限。并不是说必须禁止这种混合商业模式，而是需要建立比以往更加清晰的规则。

网络用户的行为有的时候也是矛盾的。很多人都很在意信息保护，潜意识里认为企业都是邪恶的，但是上网时又特别的不谨慎。网民对个人信息泄露往往有夸大的恐惧，比如说害怕企业获取私人信息并将之公开，自己作为一介网民被肆意窥伺，但事实上这种情况几乎不会发生。不，企业并不是真正想要知道大家都在做什么，而是想要判断频繁做出某些举动的人倾向于购买哪种产品。某个用户的个别信息并不会在数据库中被单拿出来，而是仅仅作为计算机算法的训练数据。

说"人们在网购时是没有个人意志的"或者"用户在无意识中被算法和技术强迫网购"是没有道理的。因为即便是人工智能使系统不断优化，即便是购物网站经常会定制化推送符合顾客偏好的商品，最多也就和一个熟知客户而能卖出货的店员差不多。很可能你就是某个销售员的老客户，冲动消费过一两件本来不想买的产品。即使你完全不想买，这位销售员肯定也会费尽心机地说服你。

但是，某些恐惧即便毫无依据，也已经客观存在且不可撼动了。这对于数字革命来说可能是一个问题，如果没有人参与其中，就不再会有创新或创新性的想法出现。这最终将使德国经济被大大削弱并依附于世界经济。

在德国，事情一旦涉及数据，通常就会变得备受争议。比如1983年全国人口普查时，公众的抗拒心是如此之强，以至于这项普查四年之后才真正展开。接下来的一次人口普查则生生推迟到了2011年，还充满了虚假的注册信息。每年都在做的注册登记也很糟糕，导致德国现在的统计人口相比2011年的普查结果减少了150万。对一个发达的工业化国家来说，这真是太尴尬了。

公众的不信任感是很强的。更重要的是，这使得有关部门和企业现在要努力获得公众信任，并通过公开自身行为来强调透明度。在这方面最近还是取得了一些进展。欧盟 2018 年 5 月出台的《通用数据保护条例》是其中很重要的一步。条例规定了个人相关信息的保护，包含个人的所有信息，或者可以倒推出与某人相关的信息，进而保证信息的使用必须符合事前说明的目的，使用必须安全、保密。除此之外，应当保证只有当用户明确同意时，才可以提取并使用其相关信息。

你自己也许已经注意到了，很多会给你自动发邮件的推送软件在 2018 年曾很有礼貌地给你来信，问你是否愿意收到这些邮件。用户只需要不回复这封邮件就可以和所有让人心烦意乱的广告邮件说再见，这是难得的好机会。虽然在各种细节问题上还有各种各样的批评意见，比如小企业或小团体需要应付大量且繁杂的官僚规定，但是新条例逼迫那些在使用客户信息时肆无忌惮的企业改变商业条款。之前不重视信息保护的人，现在都被新条例强迫重视。不遵守条例的企业会被处以巨额罚款，最高可达年营业额的 4%。

同时，《通用数据保护条例》使欧盟内部的相关法律得以统一，涉及数据业务的企业无法再躲在规定较松的地区。此前各地规定的严格程度不一，人们此前甚至担心欧盟各国会为了吸引这些企业而在信息保护方面恶性竞争。

信息收集或评估并不会被新条例所阻止，当然它们也不应被阻止。新条例对于诸如脸书这样的大集团实际上并不构成多大问题。因为其产品对顾客来说十分具有吸引力，顾客无论如何都将继续使用，于是会允许企业按照新条例继续使用其个人信息。与此相反，很多小的软件将因此损失大部分用户。

但是新条例毕竟规定了数据收集应如何进行。和互联网上许多其他活动一样，数据存储也是逐渐出现的。之前，这个过程没有适用的相关规定予以规范，产生了很多灰色地带。现在这种情况不存在了，或者说有一部分已经不存在了。

与之相比，许多专家提出的其他涉及数据问题和基于数据的商业模式问题，长久以来还未得到解决，比如数据到底属于谁。目前的法律认定，财产指的仅是有形的物品，能实实在在触摸得到的东西。虽然有例外，比如专利或者商标权，但是数据的基本所有权归属如何，尚无定论。乍一看，这肯定非常令人吃惊。

恰恰是业界特别希望出台关于数据所有权的规定。这就类似于，只有当药企可以为其昂贵的发明申请专利时，他们的研究投入才是值得的。同样，数据公司也希望其自行获取或生成的数据仅为自家所用，他人无法获取相关数据。尽管这与数据的本质相违背，因为数据通常是可供分享的，可多次或由多人同时使用。

车企尤其支持规范数据所有权。理论上来说，与网络互联的汽车能不间断地提供行车方式、刹车记录等数据。汽车生产公司一方面特别希望这些测量数据仅为内部使用，不对外传播，因为这些数据最终将对企业研发产生推动作用。但是另一方面，这种推动作用也会导致市场集中，最终将不存在"哪家公司信息处理方式更明智"这样的竞争，而在这个领域最终将仅存一家数据垄断者。因此，是否应该明确产业数据的所有权依旧非常具有争议性，在法律领域和政治领域皆是如此。

个人信息同样有所有权问题。理想状态当然是消费者一开始就是其个人信息的唯一所有者，而个人可以通过每次决策来规定其中的哪些信息可以转移给互联网企业，以获取相关服务。那么个人就可以主动规定他人可以用自己的个人信息做些什么、谁可以保留这些信息、谁可以获得这些信息，也许能主动对信息进行定价。但在今天，网络用户只能在基本层面（大多数情况下还是预设值中）决定个人信息是否可以被收集或被传播。

然而，事情并不像听起来那么简单。有的个人信息是客观的，比如年龄、体重或者收入；但是很多网络收集的数据却并非如此。这些数据产生于交互之中，也就是产生于所谓的社会关系之中。它们不能脱离社会关系而存在，其使用亦然。例如，社交媒体通过用户点击在社交媒体所播放的这样或那样的广告，知道或者自以为知道了人们的兴趣点。人们对某样东西感兴趣的相关信息并不是客观事实，而是算法做出的判断，因而也是一种人们自己都不一定了解或承认的信息。但也正因如此，人们并不会主动传播这样的信息。

除了上述考虑，还有种种现实的阻碍。比如我们需要一个统一的技术标准，来规定网络用户如何在主动、知情的情况下，将特定信息由自己传播给他人。这一点迄今为止看来还是无法实现的，尤其是当人们想要通过信息来获取报酬时。

毕竟，欧盟的《通用数据保护条例》明文规定，基于用户信息的数据应当是能迁移的。这意味着，想要使用竞争对手产品的用户，比如从一个社交媒体换到另一个，或者换网络保险，应当将个人信息直接迁移至新产品供应商处，而不用全部重新填一遍。当然了，这主要是说基本信息，不是算法基于个人点击行为得出的判定信息。比如谷歌是这样做的，有谷歌账号的人可以通过简单的几步操作下载在日历中填写过的所有信息、下载邮件通讯录和搜索历史等。

　　数据可迁移性的要求理论上完全有可能激发竞争，因为这使消费者更容易换供应商。这一优点在选择供电商、医院或是银行上都早有体现。但是在数字经济中，成败往往取决于信息导入和导出的技术是否实现成本巨大。后者已经不太容易了，前者毫无疑问更加棘手，因为导入后的数据需要与其他数据实现兼容。

　　数据所有权说到最后指向的核心问题是"哪些数据可使用"，而不是这些数据到底属于谁。我们认为更明智的解决方案是，严格地规定企业收集和使用信息的框架条件，进一步提高透明度，以便所有人都能了解享受某种优惠所付出的信息代价。在今天，只有网络专家才知道谁在以什么方式获取自己的信息以及如何保护自己。另一个危险是，未来也只有专家才会知道如何从使用甲商家的服务切换到乙商家。

那些我们应该放弃的数据

在关于"哪些数据可以利用、该如何利用"的问题中，很多人都忽略了一件事：这个问题涉及的常常不仅仅是个人，而是关乎整个社会。那么重要的就不是某些个人信息是否应当被分析，而是这类信息从根本上来说是否该被收集和利用。这一问题不应由个人回答，而是应由整个社会从政治的角度来决定。

以个性化定价的机动车辆保险为例，购买保险的人需要在行车时打开手机的应用软件，或者在车上另装一个通讯盒来记录司机开车是否谨慎安全。保险公司还会评估行车规范的相关信息，然后给安全可靠的司机以保险金额折扣优惠。

这乍一看很合理：规范驾驶的人受到奖励，是否参加保险也是自愿的，责任全由个人承担，或者个人至少这么认为。但事情没有这么简单。当这项保险产品成为普遍消费品而不再是小众产品时，个人的决策将会对其他人也产生影响。情况将变成这样：认为自己行车安全的司机可能将会优先选择个性化保险，而对自己不自信的司机不会购买这款以信息评估为基础的保险。其结果可能是"坏"司机都去买了普通保险。然而，更多的坏司机对保险公司来说意味着更多的损失和费用，因此普通保险保费就会提高。保险公司对客户抱有怀疑态度，那么最终用户除了同意被采集数据之外也没有第二种选择。

这样来看，出于信息安全考虑而拒绝加入新型个性化保险的人，将蒙受经济损失。不出卖自己信息的自由事实上是高价买来的。这样的话，自愿授予信息也就无从说起。

对于个性化定价车险来说，上述问题可能并不是特别致命，但在医疗保险上就要棘手得多。如果保险公司要求知道用户的基因信息，那会怎么样呢？很多人会出于信息安全考虑而拒绝，但是他们就无可避免地发出了自己基因有缺陷风险的信号。至少保险公司会这么认为。

在德国，上述情况尚未发生。但是在美国，已经有很多人拒绝做基因检测，因为他们担心保险费用将会高到无法支付。结果，保费高低在很大程度上取决于受保人当前的身体健康状况，而先进医学手段得不到应用。最后人们放弃了大有助益的基因检测，因为害怕因此遭受经济损失。

在德国，医疗保险公司已经开始为参加健身项目且公开运动数据的顾客提供了保费优惠。虽然可以想见，对保险公司来说，优惠的保费会因为更少的支出而被抵消，因为顾客平均来说更加健康了。但如果医保公司的总支出没有减少，那么给健身者的优惠就得从别的客户那里抽取。

如果某一天，德国数百万人都使用这项健身优惠，那么那些不愿意公开自己运动数据的顾客则需要支付更高的保费。对健身者的新优惠既会损害体弱者的利益，也会损害不愿公开自己信息的人的利益。这又违背了医疗保险和信息保密规定的初衷，这些规定当初正是为了避免保费直接与身体健康状况挂钩，以及坚持信息保护的人不能因此受损。

这些例子都证明了，很多时候并不是完全自己在做决定，个人决定会影响他人。这关乎我们所有人，因此应当在全社会范围内讨论和决策：我们是否想要这样的保险条款？或者最好禁止这样的规定？

基于各种利益立场来在全社会范围内对这类问题进行讨论并不是什么稀奇的事，比如按性别区分保险资费的提议经讨论后遭到否决。这里更深层次的是一种平等思想：人不应因自己的性别而被区别对待，在保险上也不行。医疗保险的受益者更多的是女性，女性通常医疗花销更大，因为平均寿命更长。而汽车保险的受益者更多的则是男性，因为相对来说男性开车更鲁莽大意。

我们应当拥有哪类保险，哪些保险又最好消失？哪些信息可被使用，哪些不行？这是我们实际上应当进行的大讨论，它比"数据归属于谁"的问题更加复杂。其中具有决定性意义的是"哪些信息可被使用，哪些不行"。这从根本上来说涉及的是"好"数据和"坏"数据的问题，或者说对其使用会带来正面影响或负面影响的问题。

事实上，带来负面影响的数据主要来自金融和保险领域，这些数据会带来不为人所乐见的后果。我们之前已经说了很多这方面的例子，虽然肯定可以举出很多例子来证明数据可以使产品优化、使市场更高效，但经济学中常说的赫什利弗效应（也称"反转效应"）更可能出现，这一效应由美国学者大卫·赫什利弗（David Hirshleifer）首次提出。

我们以农产品保险市场为例。假设一位农民的农作物需要大量雨水，另一位农民的农作物则需要干旱的土壤条件，他们互为对方提供保险。得益于天气的一方转移一部分收入给受损的另一方，让其能够继续经营。也就是说，双方共担风险，为彼此提供保障。

如果现在天气预报更准确了，双方都可以提前知道天气状况，那这种相互保险则不再存在。知道天气将对自己有利的一方没有理由和对方达成这样的协议。结果是，这一小型保险市场就会瓦解，尽管两位农民的平均收入没有变化，市场上并没有出现其他的资金。但是保险能保证不会有人一整年颗粒无收的好处就消失了——这仅仅是因为出现了更好的数据。

数据带来的其他负面效应还有分类，特别是当分类仅仅靠模糊特征进行的时候。比如当信用卡信息部门要决定某人能否获得一笔消费贷款时，银行的依据正是信用卡信息部门的评价。信用等级通常都是依据很少量的信息来评定的，其中一大影响因素是顾客的居住区域。从银行的角度来说，这是十分有道理的：贫穷城区的居民肯定比富裕城区的居民收入水平要低。但是从信用卡用户的角度来说，这样的评判可能是不公平的。经济状况好的人，当然也有权住在低收入城区。虽然个人信用和居住地其实没多大关系，但住在贫穷城区的人还是会得到一张卡费稍高的信用卡，或者甚至申请不到信用卡。虽然信用卡信息部门在数字变革的大背景下已经有机会去收集比以前更加详细的客户信息，因而也能得出更加贴切的评价，但是分类所面临的根本性问题依然存在。

无论如何，我们可以认定，没有任何一个其他行业像金融业和保险业一样那么重视数据。这一点在曼海姆欧洲经济研究院的一项调查中就有体现。在金融业和保险业中，人们尤其希望可以从顾客那里获取更多的信息。但这对于顾客和整个社会是好是坏，暂时还无法定论。

因此，我们应当就什么时候数据可以被使用而什么时候不可以进行广泛讨论。说到底，这取决于更多的数据能否达成期望的市场结果，能带来中性的市场优化结果的数据应该被使用，其他则不能。对于健康状况的数据，要考量什么应当允许而什么不行尤其艰难。对保险来说，中心问题就是，是否每个人都应有权受保。

比如在人寿保险中就很难否认，保险公司要求尽量多的信息了解顾客是合理的。他们需要避免重症患者利用医保体系（同时购买多项保险让其亲属从中获利）。这种情况下，规定每个人都有权受保就是不合理的，否则保险公司很快就破产了。

医疗保险则是另一种情况：人人都需要有医疗保险，而且患病的客户也不应比健康的客户缴纳更多的保费，至少不应超过太多。公立医疗保险承诺了完全的平等，不考虑药物需自负的部分以及对健身者的优惠的话，其保费完全取决于客户的收入而不是健康状况。但是在商业医保以及附加险中则并非如此。健康状况不佳的人得到的保险条款会很严苛，或者根本不会获得保险。假如仅仅因为可以获取更多信息，未来医疗保险合同的好坏就更多地与健康状况挂钩的话，会带来很多麻烦。

总　结

　　人类的活动产生数据，比如金融交易数据、各类监测数值、位置信息、各类注册信息、电影和音乐，以及被记录的知识，所有这些都是数据。由于测量、整理和存储手段都愈加先进了，这些数据不断积累。数据的收集和整理催生了更多从数据中找到联系的可能，人们可以识别新的关联并且加以利用。

　　数字经济的崛起带来了巨大的机遇。一方面是经济机遇，如果产品可以更优化、更个性化、更适合顾客，市场则更有效运行；另一方面，新经济带来了幸福生活的种种机会，这超出了经济生活的范畴：如果医学可以借助数据分析战胜更多的疾病或者有效控制疾病，如果技术帮助我们更加节约地利用地球上的不可再生资源，如果科学家可以回答那些至今依然隐藏在迷雾中的诸多问题，那将是全人类的进步。

　　但是，新机遇也带来了新风险。通常，创造性的新事物产生时都是不稳定的、无计划、不成体系的。在这里同样如此。现代数据分析可能会导致的很多结果其实早已发生。人们现在后知后觉地开始讨论数字经济应当依照哪些规矩来向前发展，以及某些行为是否应当被尽早禁止。

　　这样的讨论是至关重要的。为了使数字经济取得成功，必须要引入秩序。数字经济的商业模式在未来不应基于人们因为不知后果而盲目地给出个人信息的行为，而应该基于人们有意识的决策。否则，我们将会面临不信任与日递增的危险，这终将阻碍一切行业进步。

　　数字变革在增加财富方面的伟力要在未来的几年中才能体现，但是现在已经走到了分岔路口。人们能否在技术进步中产生信任，就看现在了。

Ⅳ 机器人，网络自由职业者，分裂的就业市场

科技潮导致失业潮？多余的担心

正如我们所见，数字革命已经对经济产生了巨大的影响。可以想象，未来它还将对产品市场、就业市场乃至整个社会产生极大的冲击。

实际上，所有的量化预测都难以做到准确无误，但传播最广的往往是一些被夸大的预测，且这种夸张顺应了当下普遍的担忧和恐惧。

有关数字化，也有许多研究对未来可能的影响做出了评估，其中流传最广的预测是：数字化普及会对人类就业构成威胁。这种观点认为，随着机器和计算机智能化程度提高，它们将有能力承担人类更多的工作，那么，许多现有岗位也没有存在的必要了。

确实，在制造业领域机器人正变得愈加智能，计算机也开始学习模仿人类，甚至在某些领域已经超越人类。计算机不但可以分析和评估复杂情况，而且能在混乱的数据中识别模式和特征。更重要的是，它们已经能学习和积累经验，因而不需要程序员在具体情形中给出明确指令，语音助手就可以理解和回答用户的问题，医疗软件能检测和诊断疾病，汽车自动驾驶系统能独立驾驶……类似的例子不胜枚举。

机器人替代了人类体力劳动、人工智能代劳人类的认知活动、人类的工作正在消失这个观点，看来已不容置疑，并受到媒体的高度关注和热捧。2017年秋季美国杂志《纽约客》有一张封面图片：一个衣衫褴褛的绝望男子坐在人行道上行乞，来来往往的都是穿着得体、提着公文包的机器人，其中一个正在往男子口袋里扔硬币。德国新闻杂志《明镜》分别在1964年、1978年和2017年刊登了抢人类饭碗的机器人的图片。2017年的一张封面图片上印着"你被解雇了！"触目惊心的几个大字，一只巨大的机器手正把一名西装革履的经理扔出办公室。显然，机器人激发了文学、经济学和新闻界的想象力，许多声称机器人会抢走数百万工作的研究成果也被广泛引用。

最近发表的，也最大胆的是牛津大学科学家卡尔·贝内迪克·弗雷和迈克尔·奥斯本的预测：未来的自动化将使人类失去一半的工作岗位。这不仅涉及技术行业，也会影响会计或法律咨询这类高度专业化的服务业。当然，他们的研究对象只是美国，但其他学者关于欧洲的研究也得出了类似的结论。

弗雷和奥斯本的这项研究成果登上了全世界各大媒体的头

条，或许是因为它印证了人们普遍的担忧：数字化终究会危及人类生活。这是技术悲观主义的老生常谈。

我们不妨来探讨一下这个问题。一方面，数字化确实会使某些现有的岗位消失，因为很多工作可以由机器人和人工智能完成，毫无疑问，就业市场也会因此发生剧烈动荡。另一方面，这种观点忽视了数字化带来的机遇，这也是给就业市场的机遇。比如，当数字化在新兴行业中创造出了更多新岗位，那么就业市场的情况甚至可能比之前更好。所以，我们可以理解大众对个人幸福和生活的担忧，但也有保持乐观的充分理由！

事实上，弗雷和奥斯本的研究只注意到了数字化双刃剑的一面，就是多少工作可能会消失，忽视了数字化可能在新兴行业创造新工作。此外，他们研究的也只是极端情况。

弗雷和奥斯本的研究方法无可厚非，但缺点明显。首先，在他们的研究中，每个职业消失的概率是由人工智能和机器人专家给出的，这些专家本着对自己专业领域的激情，倾向于高估数字化的影响。

其次，该研究对工作的分类过于宽泛。它以行业为界，把整个行业看成一类职业，然后给每类职业分配一个同样的消失概率。这显然与实际不符，因为同一行业有众多不同的工作，而某一工作很可能比另一工作更容易受数字化威胁。以新闻业为例，算法已经能产出报道足球赛比分的简单新闻，但不能创作通讯报道或小品文章。再以行政事务为例，整理档案文件的工作可能会消失，但是安排协调日期和行程的这类工作，计算机目前仍无法取代。

更何况，过去的经验表明，即使工作内容随技术进步发生了变化，实际上也没有几个工作完全消失。谷歌首席经济学家哈尔·瓦里安（Hal Varian）说得好：除了电梯操作员，其他职业都保留至今。当然，消失的职业还有电话接线员和其他少数工作。近年来，特别是在德国，许多工作的名称和内容也发生了变化。从楼管（Hausmeister）这一职业衍生出了后勤经理（Facility Manager），从汽车机械工（Kfz-Mechaniker）到汽车机电工（Kfz-Mechatroniker），从技术设计师（Technische Zeichner）到技术产品设计师（Technische Produktdesigner）。此外，还有许多新职业出现。但本质上瓦里安是正确的，工作内容会变化，工作的任务量可能增加或减少，只有极少数工作才会完全消失。

曼海姆欧洲经济研究院的一项研究试图按每个工作的具体任务——而非所属行业——对其进行分类，然后在这个分类基础上评估每个工作的消失概率。对工作分类的主要依据是工作中常规任务和创造性任务分别所占比重，后者或是需要社交智慧、情感，得考虑人际关系，或是需要识别趋势，找到深层联系，这些任务都较难被计算机取代。按此方法进行分类之后，每类工作消失的概率也是通过专家访谈获得。

采用这种方法的研究结果显示，受数字化威胁的工作比例显著低于弗雷和奥斯本的研究，德国只有12%的工作岗位受威胁。某一工作被判定为受威胁的标准是该工作可以被自动化的任务高于70%。美国受威胁的工作比例更低，只有9%的工作受数字化威胁。当然，就像对待其他任何科学预测一样，我们也应审慎对待该研究结果，毕竟这其中也有许多假设和模棱两可的地方。但是，该研究方法要比弗雷和奥斯本的研究更可靠。

在此，还要纠正一个普遍存在于公众意识中的错误认识：并不是每一个技术上可以被机器取代的工作，实际上就会被取代。其实，严格来说，以上研究结果并不是工作会消失的概率，而是工作任务在技术上能被取代的比例。但是，可行的技术是否会投入商业使用，还得看成本。技术上可以实现是一回事，值不值得使用是另一回事。

以当今的技术水平，机器人厂商生产一个能倒啤酒的机器人并非难事。然而，酒吧老板会不会买这个机器人还取决于它的价格和保养成本。而且，这个机器人也不可能完全代替人工，要想取代一个真正的服务员，这个机器人还得会点餐、给客人送饮料、清洗整理玻璃杯、叫出租车、解决争吵、安抚客人，这么个全能的机器人，估计它的价格也高不可攀。

所以，即使技术变革会带来剧变，应该也不会有那么多工作消失，更何况技术变革还能创造新工作，利弊相权后的最终结果才是评判技术变革是否有利的标准。

过去的技术革命告诉我们，每次技术变革确实会导致部分人力被机器取代，如蒸汽机、电气工程、传送带和机器人。回想工业革命后的头几十年，技术浪潮确实引发了剧烈的社会动荡。比如19世纪，农村人口相比城市居民越来越贫穷，因此不得不大规模向城市转移。

但与此同时，许多新的工作岗位也在其他领域出现，而且新工作往往比旧的更有优势。总的来说，过去的技术革命中，新增的工作岗位数量并不比消失的少，尽管那会儿人们也是一样担惊受怕。连著名的经济学家也曾杞人忧天，两个世纪前的大卫·李嘉图、几十年前的约翰·梅纳德·凯恩斯都发出过失业警告。不过事实证明他们都错了。

西方世界曾有过高失业率的时期，但都与技术变革没有太大关系，因为技术变革的周期长，而就业市场的波动周期短。诸如战争、地缘政治动荡和金融危机等冲击，对就业市场的影响都远大于技术革命（见图5）。

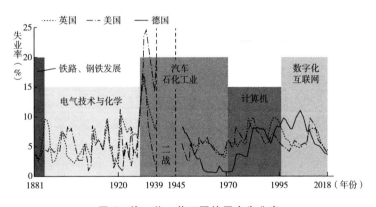

图5　德、美、英三国的历史失业率

技术进步会使人类现有的许多工作变得多余，但也能促进新职位的出现——这个观点并不是什么晦涩之见。技术进步提高劳动生产率，即每个工人的产出，生产成本会因此降低，节约的资金可以投入新产业和新产品，刺激市场对新产品的需求，而新产品生产需要新的劳动力，最终促进经济增长。迄今为止，当一个劳动高度密集的生产活动能用技术更简单迅速地完成时，人类就可以腾出精力面对新挑战。人类向来有这样的创造力寻求挑战，也会继续保持下去。

此外，新技术还会创造许多与之互补的工作，例如新机器总要被人制造和操作，没有人类维护，机器也无法生存。所以，未来需要人类与机器人合作共赢，而不是相互竞争。

机器或计算机越精密，与它共事、对它进行修理和开发的团队也得更复杂和庞大。现在已经能看到，数字化给 IT 行业带来了瞩目的就业盛况。

但统计学家要测算由技术变革导致的消失和增加的工作数量并不容易，难点在于如何识别哪些变化与技术革命存在因果关系。目前为止，还没有可靠的研究能回答数字化对就业市场究竟是利大于弊还是弊大于利。

曼海姆欧洲经济研究院和乌得勒支大学的一个研究小组对此做了调查，他们的结论是：21 世纪前 10 年，由于机器和计算机的应用，欧洲失去了约 1000 万个工作岗位，但由此释放的活力同时创造了 2000 多万个新的工作岗位。无独有偶，杜塞尔多夫大学、沃尔茨堡大学和曼恩大学的研究人员，在德国开展了一项关于工业机器人使用率提高的影响的研究时，发现德国制造业就业人数确实因此有所减少，但又因服务业新增了更多工作，就业市场总就业数有增无减。不过，类似的研究在美国得出了相反的结论。

其实在西方，工业就业比例的下降趋势已有半个世纪之久，把这种长期趋势归因于新近出现的技术变革势必站不住脚。数字化技术浪潮的一方面是生产自动化，另一方面是消费者偏好转变。现代社会对实物商品的数量需求已经接近极限，比如很少（假如真有的话）有家庭购置两台以上的冰箱，人们的需求逐渐转向服务业。

对欧洲大概的纯描述性的统计分析也显示，工业机器人的应用对就业市场整体没有负面影响。在过去20多年中，技术助理岗位的数量增长了两倍多，整个就业市场中的总工作数有增无减（见图6）。但增长并非来自工业部门，主要来源于因数字经济兴起的服务业。

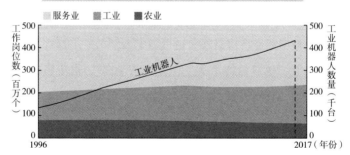

图6　目前为止，工业机器人还未对就业市场造成伤害

因而，全球范围内计算机的应用不仅不会对就业市场构成威胁，甚至是国家保障竞争力和就业的手段。通过投资数字化和自动化，发达国家的企业可以保持国内就业所需的生产力增长，这才应该是国家保护就业的策略。"谁想要高薪，得有实力才行"，默克尔推崇的这句话说的就是这个道理。

此外，数字化还有助于应对人口老龄化。随着退休人口增加而缴纳养老金、护理和医疗费用的年轻人口减少，我们就需要通过技术来创造经济附加值。只有拥有更多的机器，人们才能完成支撑社会繁荣所需的大量工作。

所以，智能机器和人工智能的应用的优势是有目共睹的。但依然有个错误的观点在欧洲很有市场，即作为取代人力的代价，应对使用机器人的行为征收机器税或增值税。当然，这也有许多好处，如果人力成本相对便宜，企业就会多雇用人力而不是机器人，那么失业潮自然而然也会得到控制。

但这种观点是错误的，原因我们已经说过了，技术进步对就业市场有很大的推动作用，更有利于整个经济的发展。机器人税会阻碍技术进步。而且，对机器人税影响的研究往往采用静态分析，忽视了动态变化。机器人税或许能保护旧工作，但也会妨碍新工作的产生。而且，必须对所有工业国都征税才行，否则技术密集型公司可能会为避税而转移到不征该税的国家。

这样是否会导致税负失衡本身就是个值得考量的问题，但如第 2 章所说，如果跨国公司利用不同国家之间的税收规则差

IV 机器人，网络自由职业者，分裂的就业市场

113

异来避税，麻烦就大了。另外公司也可以通过商业模式创新找到一些税法仍未涉及的领域，如数据业务，把企业利润计入尚未被征税的业务来避税。所以，企业的行为——而非新技术——才是问题的关键。

就业市场上的悲欢

到目前为止，我们主要研究的是数字革命对整个就业市场的影响，即宏观的社会影响。经过分析，我们有充分的理由相信最终结果并不会太消极，甚至可能是积极的。

当然，个人层面就是另一回事了，数字化带来的结构变化可能对个体影响巨大。曼海姆欧洲经济研究院的研究成果说受数字化威胁的德国的工作岗位比例为 12%，这个数字虽然已经是乐观估计，但仍非小数目。对失去工作的个体来说，就业市场的整体走势如何并无助于改善他们的个人状况。

首当其冲的可能是中产阶级。未来，被机器取代的不仅仅是最简单的工作。直到 20 世纪 80 年代，数字化发展的重心还主要是自动化工业生产中的简单任务，如装配线工作。之后，自动化替代的目标就已经对准了更复杂的活动。从经济效益来说，复杂活动机械化比简单辅助工作机械化更划算。所以，像酒店床铺整理、倒啤酒、卖面包、捡传送带上掉落的产品这些简易技能，目前主要还是由人工完成；而传统的专业工作，如监控生产操作、检查成品，则更多地由机器代劳。

就业市场和职业研究所（以下简称"IAB"）在 jobfutoromat. iab. de 网站上发布的研究显示，许多传统制造业岗位都可以由计算机或数控机器代替。以汽车机械师为例，该职位可被替代的工作任务高达80%，车间主任和安全员有60%的工作任务可被取代。反倒是那些无须复杂培训的工作，可被替代的比例较低，清洁工作只有13%能被机器取代，酒店服务员仅38%。这些估计数字粗略却合理。

统计数据显示，近年来，要求中等技能的工作数量有所下降，从事复杂和简单活动的工作数量却在不断增加，呈现出两极分化的趋势。

长期来看，工资也反映出了同样的变化趋势。受过良好训练的专业人员的工资更高了，而身居中等技能岗位的雇员工资则原地踏步。一种可行的解释是，中等技能的雇员意识到有被机器替代的风险，害怕失业而不敢要求加薪。此外，简单工作的工资也没有显著增长，原因是这些岗位竞争激烈，工作门槛低本来就能吸引众多求职者，更何况中等技能的失业者现在也来争抢机会。因此，工资也有上述的两极分化趋势。

不过，德国的两极分化没有别的国家严重，原因之一可能是德国的职业培训质量较高。德国职业培训结合了企业实践、职业学校培训和商会组织考试等丰富多样的形式，目前来看，这种培训模式在国际上都是领先的。此外，德国的去工业化进程本身也落后于其他国家，工业增加值占全国生产总值比重相对较高。

技术变革会导致人们失业，但不一定每个失业者都会重新找到工作，暂时保住了饭碗的人也因此而压力倍增。过去接受的职业培训，有效期越来越短，雇员必须加速更新自己的技能。IAB 和曼海姆欧洲经济研究院在德国技术学院（Acatech）进行的一项大规模的调查显示，2017 年雇主对员工的要求增加了对技术创新的适应能力。20 年前，许多岗位不需要计算机技能也能胜任，10 年前只要求基本技能，而到今天则不行了。技术变革正在加速，雇员适应能力也要提高。

此外，即使失去的工作没有估计的那么多，工作中的很多任务也会在未来被机器接管。当简单任务从这些工作中剥离，在岗人员自然就会被分配到新的岗位，很可能这些岗位程序更复杂、要求更高。随着工作中简单的常规任务减少，对标准化知识的需求也会减少，而对解决新问题的能力的需求就越大。因此，适应在创新环境中工作的人，才能更好地适应未来。

当今，不少员工已经体验过数字化管理和监控了。大数据时代，用人单位衡量和统计员工绩效要容易得多，但这还没普及。汉斯-博克勒基金会的一项员工调查表明，通常中等收入的员工对数字化监管感到恐惧，尤其是担心失业的人，他们因担忧失业无法维持目前的收入水平而惴惴不安。无论是主观感觉还是客观事实，数字化革命都给员工带来了恐慌和压力。

此外，工作形式也可能变化，典型意义上的工作可能会越来越少。一个极端的例子是所谓的互联网自由职业者，即数字时代的临时工。只要"悬赏"几欧元劳务费，这些工作者就能接下在互联网平台上发布的小任务，如撰写广告文本。在英语中，这种工作形式被称为零工经济（Gig Economy），这个词源于音乐行业，形容从一个演唱会跑到另一个演唱会的零工工作形式。

网络自由职业者是无社会保障的、无标准的正式劳动关系的员工，是打零工的个体就业者。他们是现代意义的合同工阶层，生活在持续的不确定性中，没有稳定的收入来源，不确定能否享受社会福利，也不知还能不能加入社会福利系统。这些本来由雇主承担的风险被转移到了他们自己身上。

网络自由职业者看似随处可见，但他们在总体就业中的占比仍微不足道。曼海姆欧洲经济研究院的一项研究显示，即使是数字产业，也只有约 4% 的企业使用这类零工。在德国，这些网络自由职业者所占的比例远低于 1%，而且很多人仅仅把这当作副业。此外，这里面还计入了一些本来就以订单形式交易的传统职业，如设计师，这些工作者通常为独立个体且收入不菲。无论如何，在过去 10 年中，单人企业——即那些除了自己没有雇员的企业——数量没有显著增加。

从另外一些原因看，不稳定的网络自由职业也不太会发展为普遍现象。稳定、正式的雇佣关系对雇主和就业者都相当有利，重复签订小规模合同会带来很高的交易成本，如雇主需要制订合同、找承包商、监督工作等。如果有稳定的雇员，或者至少是一个长期稳定合作伙伴，这种交易成本就要低得多。此外，自由工作者也会要求更高工资，来弥补他们承受的收入波动的风险。如果雇主能正式雇用他们，他们自然可以不要这笔风险溢价，雇主也就节约了成本。因此，只要使用临时网络自由职业者的费用不是特别的低，比如来自劳动力价格极低的外国，或者这些零工服务无可取代，那么使用零工对企业来说就不合算。

因此，成千上万的人以接价值几欧元的小单为生的未来场景不太现实。更可能的是，未来许多单人企业以计费形式而非接散单工作。数字化给就业市场带来了更多个性化特征，过去制造业上百人做一模一样标准工作的情形正变得越来越罕见。今天，几乎每个工作都有所区别，特别是在计算机和机器的领域。

这些变化让市场机制在就业市场上更加有效运行。既然所有的工作差别如此之大，个人薪资谈判行为就会增多。工人们将不再依赖集体谈判，会更多地通过个人谈判争取自己的利益。这样，市场机制就能发挥更大的作用，拥有稀缺技能的人可以要求提薪，容易被替代的人则不行。

事实上，正式劳资工会在德国经济中的地位已经持续下降。尤其是在数字经济产业中，员工薪资现在很少遵守雇主和工会集中谈判的工资协议标准。以通信部门为例，IAB 研究小组的数据显示，只有四分之一的员工工资是按集体谈判协议的标准发放的。

就业市场的个性化在数字时代日益显现，这一趋势使雇主和工会工人之间这种传统社会关系的重要性受到质疑。这种关系曾是社会市场经济的主要特征，也是数字经济时代和之前时代的最大区别之一。过去，每个部门都有数以万计内容类似的工作，因此通过少数代表多数来协商工作报酬、要求、内容和时长更有效率。劳资集体谈判保证了不同技能水平岗位的工资增长率相同，从而提供了社会保障。

但这种集体行动的重要性正在降低，雇主退出劳资协会、工会会员流失都是具体的表现。工会会员流失已经不是新鲜事了，原因是即使不是工会成员，往往也能从工会集体协议中受益，而数字化可能会再次加快这一流失进程。

就业市场的变化巨大。麻省理工学院的科学家安德鲁·麦卡菲（Andrew McAfee）和埃里克·布林约夫松（Erik Brynjolfsson）在他们的畅销书《第二机器时代》（*The Second Machine Age*）中说，数字革命将带来巨大的好处，但也将是一个混乱和令人不安的变革。从当前情况来看，所言甚是。

结构改革，长路漫漫

数字革命使社会整体更加富裕，但也可能会剥夺部分人的财富。因此，有人追溯路德维希·艾哈德的观点并进行论证：剧变过程中具有破坏性的市场力量需要被制止，如果人类无法只享变革之利而躲避其弊，那么为了保护就业，应该直接阻碍变革发生。但这其实是伪艾哈德式的论点，也不利于经济繁荣。

从长远来看，如果拒绝技术进步，我们连传统的工作岗位也守不住。

当然，国家有能力通过结构调整政策来减轻变革的损害和消极的社会影响。从这一角度来说，国家的责任重大。只有推动变革时减少社会的不平等，公民才会对未来、技术和全球化充满信心。为此，国家必须保证技术革命的优势大于弊端，而且要远大于弊端。

除了我们将要讨论的教育政策外，作为社会市场经济支柱的社会政策和竞争政策都必不可少。这些政策必须保护受改革不利影响的人，在财政上予以支持，帮助他们重新就业。如果大部分公民不能参与社会生活，社会凝聚力就会岌岌可危。尤其当社会面临巨大变革时，社会凝聚力是渡过难关的关键。

数字化也能服务于再就业。如为就业机构或人事服务商收集岗位信息，想给某一岗位找到合适的候选人并非易事，更多的信息和数据、更好的算法能极大地提高匹配成功率。德国就业市场目前称得上繁荣，但失业者的平均失业时间还是达到了半年，这太长了。

最后，政策要适应劳动力市场日益增加的灵活性，为工作内容灵活、收入不稳定的就业者提供有保障的社会环境。目前德国的社保体系，尤其是社会保障基金，对自由工作者来说就非常不利。如果月收入变动，按现在的政策，这些就业者每月都要向社保基金机构证明其当月收入，才能计算出每月的社保缴费额，导致双方都得承担高昂的成本。

此外，笔者建议取消个体经营者购买医疗保险时的最低缴费额限制。最低缴费额的存在使个体经营者中符合低收入标准的人群数量上升，而数字化还会进一步扩大这个群体。何况，目前对个体经营者的社保偿付额远高于同等收入的雇员，这也给社会保障体系造成了不必要的支出。2018年德国已经降低了公立医保最低缴费额，但如果能直接废除这一限制会更好。

养老金政策也有问题。目前，自由职业者可以选择自主养老，没有义务购买法定养老保险。当然，很多人都能自己解决养老问题，但是也有很多收入过低或公司经营不善的人在年老时陷入贫困。

试想，你从事了几年的自由职业后，重新找了一份正常的有社会保障的工作，并从这时才开始购买养老保险，但由于缴纳年限短，退休后的养老金将无法维持你的生活水平。事实上，法定养老保险的设计理念还停留在以前那种正式雇员关系通常持续几十年的旧环境下。按今天就业市场的情况，应该规定单人企业也有义务购买法定养老保险或私人养老保险。这样，部分人虽然损失了自主选择养老方式的自由，却避免了老年贫困的风险。

这里可以参考艺术家社会基金的基本理念。艺术家社会基金向订单合同的委托方收取一定费用，然后将该资金用于为自由艺术家、出版人和记者买社保。这样做的依据是，如果该委托方不通过订单购买服务，而是雇用服务提供者，他也理应支付这些自由职业者的社保。艺术家社会基金理念是，不能让公司因辞退了雇员而获益。自由职业者不能因工作形式受到不平等对待，至少在社保方面不应这样。

新型教育战略必不可少

政策不仅可以影响技术革命的最终结果，也可以塑造变革的过程，虽然这并不容易。当新的技术革命出现，政策制定者首先要识别受影响的群体和决定性创新出现的领域。在数字革命中，国家教育政策的切入点无疑应是具有相关资质的人才聚集之处。教育要设法抛弃已过时的技能，尽可能给年轻人传授促进和顺应变革的知识。德国如果能做到这一点，技术革命就会大有裨益，数字革命的成功也就指日可待了。

二战后，德国鲁尔区的人们靠煤炭和钢铁产业为生的日子难以为继，于是北莱茵-威斯特伐利亚州发起了一场教育改革。当时，当地政府意识到德国的工业重心很快就会转移，未来的发展方向是现代服务业。为了适应这种变化，一批新大学在波鸿、多特蒙德、杜伊斯堡和埃森的旧栅栏和小破屋中如雨后春笋般出现。至今已经有成千上万的人在这里接受教育。

今天我们又需要一次教育改革。不一定是在鲁尔区，因为数字化对全国各地区经济的影响几乎是均等的。教育改革的内容一是要增加教育投资，因为德国与其他发达国家相比，对教育的投资还低于平均水平；二是要谨慎调整未来教育的重点。与全球各国相比，德国教育系统中技术和科学学科占比较高，这是好事，但未来的数字化还会对这些领域的专业人员产生更大的需求，因此还要进一步提高重视。

与此同时，教育和培训的内容也需要适应数字化时代的要求，有的放矢地抛弃某些过时技能，如会被计算机和机器取代的标准化技能。而且，由于技术变革的突飞猛进，特定技能的有效期也在缩短。

未来需要的是学习能力强、能接受新挑战的员工。以前，员工像公司齿轮，解决特定的任务。今天，更重要的是具备解决问题、计划构思、团队协作、独立思考和协商处理的能力。这些技能，即所谓的软技能，正在变得越来越重要。因此，教育的内容应该更加宽泛。

同时，除了初始培训，继续培训也同等重要。以前，一个工人可以靠年轻时学的知识支撑以后40多年的工作。但现在已经不行了，技能的"半衰期"在缩短。

技术和工作环境变化越来越快，对员工来说意味着额外的压力。不只是想升职的时候，连想保留职位的员工也得多次面临考察。当然，这种压力也是新的机遇，那些年龄较大却还能学习新技能的人，可能会在职场上重新焕发光芒。

继续培训是公司的首要任务，大多数公司也非常重视。曼海姆欧洲经济研究院的调查显示，三分之二的企业认为继续接受数字化培训很重要，而且非常重要。当然，国家今后也要在组织继续培训方面发挥更大的作用。

规模不同的企业在数字化进程上差异显著。无论是在工业还是服务业，小企业的新技术采用率都远低于大企业。这种差异可能固化并转移到员工身上，小公司员工接触不到的新技术，而这已经被大公司员工熟练掌握，并且后者还有机会不断接受再培训。

如果目前作为德国经济支柱的中等企业被忽视，将不利于市场竞争。大型企业会更加强大，社会财富分配会更加不均。为了打破这种恶性循环，防止分化出现，高校和专业技术学院也应该承担起继续教育的部分责任。

国家在资助科研时，也应更多地考虑中小企业。一个建议是，给科研公司提供方便退税的机制，这比现在让企业申请科研资金的做法更明智。曼海姆欧洲经济研究院最近的一项研究表明，由于申请程序太过烦琐，小公司从后一种渠道获得的资金很少。

传递终身学习观念的继续教育新思潮有助于缓解数字化革命的冲击。就业者受教育程度越高，数字变革对就业市场的威胁就越小，失业就越少。国家应该支持那些人到中年还愿意踏出舒适圈、学习新技能的公民。这不是一个容易做出的决定，他们也需要勇气和毅力。国家应支持并允许他们在一段时间内完成单独的课程，然后组合学分获得某种类似于硕士学位的认证。

波士顿咨询公司的一项研究预测，给在数字化进程中失业的人提供适应性再培训对公共财政是一笔不小的负担。但作者同时也说，通过社会援助解决失业问题的花费更大，这还没有考虑税收、社会保险缴费和经济增长的影响。

结　论

担心机器会夺走人类的工作不是什么新鲜事。历史上很多人都认为，阻止技术发展才能使人类免受其害。但是，古往今来，把新技术视作威胁的观点都被证明是错误的，因为技术首先是机遇。

机器和计算机承担人类的日常任务之后，人类就可以专注于创造性活动和社交活动。的确，很多工作可能会因此消失，但是随着生产成本降低、新兴事物的出现，新领域也会出现更多就业机会。积极利用技术变革，人类才能更好地应对全球化和老龄化，试图维持现状并不是最优选择。保守会导致增长停滞，甚至使经济长时期衰退，因为人类和世界都是动态的而非静态的。

当然，剧变会给现状带来挑战，前浪或许很快就被后浪吞没。数字革命会造就新的赢家和输家。如前所述，我们得承认，数字革命确实有风险。市场机制会让部分人不好过，而数字时代的市场机制可能有过之而无不及。高技能人才的相对优势会继续扩大，工资将两极分化，某些新型工作甚至还会缺乏社会保障。

这些都是消极的市场力量，无利于经济繁荣。因此，国家需要通过社会政策特别是教育政策改变和减轻技术革命的负面影响。越少的人依赖政府，数字化革命就越容易成功，变革中的利益分配也就越公平。

对此国家责任重大。如果良好的教育政策能帮助公民做好迎接数字化的准备，并在变革过程中通过社会政策为公民提供支持，那么数字化将给经济和社会带来成功。因为，像过去的技术革命一样，数字化也有潜力创造更好的工作、更高的工资和更有趣的活动。

V 当新商业模式打破旧市场秩序

共享是新型资产

你有汽车吗？据统计，德国的 4100 万户家庭共拥有汽车 4600 万辆，所以想必你可能也属于有车一族了。如果你也是其中一员，那么你一定能体会到拥有一辆属于自己的汽车是多么自在。因为你可以开车去自己想去的地方，做自己想做的事情，还可以按照自己的喜好装饰汽车，车身可以喷成自己喜欢的颜色，车内配有高级音响设备，可调节的座椅靠背，等等，同时所有的东西，从手机到咖啡杯，都有它存放的位置。无须多言，你和你的车子能够非常了解彼此。对你来说，汽车就好似对你辛勤工作的奖赏，是你的"第二间客厅"。

但有时汽车也会给你带来一定的压力。每天开车上班，一路上要耗去你不少的时间与精力；再想想那些技术监督协会[1]的人和车

---

[1] TÜV（德国技术监督协会），拥有汽车的德国人，提到 TÜV 一般指每两年一次的车检。——译者注

检，估计你又要考虑换车了。除此之外，车子还要送洗，车身内部保养也不能忘；还有车险，价格高得让你开始怀疑是否有必要给车上保险了。

大部分有车一族都体会着这两种感受：骄傲与压力并存。总体来说，多数有车一族可能对拥有汽车的情感更倾向于后者，即压力更大一些，即便这个倾向还不明显。

对许多人来说，用汽车来代表社会地位已经不再重要了。因此，许多可以满足基本出行需求的平价品牌涌入了汽车市场，比如斯柯达或者达契亚。而除了平价汽车之外，共享汽车的用户也在不断增加。新产品像雨后春笋一般涌进市场，且不论城市大小，这些共享汽车都随处可见。租车时长从几个小时到几天不等。光是在德国，共享汽车就拥有超过 200 万用户。

这种共享汽车的商业模式非常符合当下消费者的心理特征，作为共享汽车的用户，人们不用为汽车费心费力。因为消费者不需要自己送洗汽车、上车险，甚至不用给汽车加油。上车、开车、停车，然后把车子丢在那里就好。共享汽车的用户会觉得十分轻松，因为他们没有那些有车一族的压力。

德国目前有近 200 万的共享汽车用户，而且这一数字还在持续上涨，几乎每三年就会翻一番。同时，许多地方政府也开始参与到共享汽车的供给中，城市里的短途交通公司也会与共享汽车供应商展开相关合作。政府可以在停车位的问题上为共享汽车供应商提供支持，毕竟消费者取车的地方就是共享汽车的大本营。

发展共享汽车十分重要，因为它很高效。在大城市中，一辆汽车一天之中或许有 23 个小时都停在某个位置无人问津，可空间却正是大城市最稀缺的资源。以德国科隆市为例，这里的居民数正在以平均每年 1 万人的速度增长。科隆目前拥有约 45 万辆汽车，这一数字与 20 年前相比已经增长了 10%。如果将这 45 万辆汽车依次排开，那么这些汽车会占据 870 个足球场的面积。现在，这座城市有 600 万平方米的土地都用来停车了，这种趋势显然难以为继。

如果越来越多的人开始使用共享汽车的话，那么道路和停车位的压力就能得到一定缓解。此外，使用共享汽车在经济上也很实惠。根据经验法则计算，如果一个人 1 年开车不超过 10000 公里，那么选择共享汽车更加明智。许多人认为自己买车更划算，那他们一定是忘了把买车的钱换算到每公里的行程之中。如果一辆汽车价值 2 万欧元，报废年限是 10 年，在这 10 年中汽车可以跑 10 万公里，那么就意味着每公里摊销是 20 欧分，这个价格已经是汽油费（按每公里 10 欧分算）的两倍了。

发展共享汽车不仅能够降低出行成本，还会一定程度上促进国民经济的发展。因为人们可以用省下来的钱去满足其他生活所需，生活水平也能得以提高。当然，这种转变也会给德国最重要的汽车产业带来一些问题，比如汽车的销售额会下降。因此，部分汽车生产商为在共享汽车市场占有一席之地，也推出了相应的产品，借此制定国际标准。比如在欧美的许多大城市，人们都可以看到戴姆勒公司推出的 Car2go 和宝马公司推出的 DriveNow（Car2go 和 DriveNow 目前已经合并）。

对个人财产的向往，是路德维希·艾哈德经济奇迹时期[1]德国经济发展的主要动力。那时候大家都向往着能够拥有一辆属于自己的汽车、房子和电视机。不过人们的价值观渐渐发生转变，不是所有人都将个人财产看作生活的最终目标了。事实也的确如此，其实我们只要稍稍改变对某些事情的认知，便足以影响经济的发展。其实有些东西能用就好，不一定要拥有所有权。租用或者和别人共享，这便足够了。

或许共享经济并非源于数字化，但数字化的确加速了共享经济的发展。共享汽车市场随着网络与技术的发展应运而生。一方面，以网络为基础的共享汽车软件可以有效地提供车辆信息，用户可以通过手机软件以及电子订购系统看到可供使用的汽车，然后自行下单租车。

另一方面，网络技术的发展还解决了市场中的另一大难题：匿名用户间相互信任的问题。这对那些提供共享汽车服务的商家来说或许不那么重要，但对那些在租车平台上提供私人汽车租赁服务的个人来说却有着十分重要的意义，因为车主和租车人可以互相评价。通常来说，没有人会随随便便把汽车租给一个陌生人，也没有一个人会在一无所知的情况下从陌生人那里

---

[1] 1949 年 9 月 20 日，德意志联邦共和国总理康拉德·阿登纳任命艾哈德为联邦经济和劳工部部长。艾哈德是社会市场经济的奠基人之一，他对德国经济政策的影响非常大。不过艾哈德本人始终反对将当时德国经济的发展称为"经济奇迹"。

借走一辆汽车。到 Drivy[1] 或者其他类似的平台上租车之前，人们可以先在这些平台上看其他用户对该车主的评价。这样一来，一个陌生的车主也就变得不再陌生了。有了互联网，用户便可浏览到有关车主的必要信息，而这一切没有互联网是难以想象的。共享经济的发展潜力可见图 7，德国共享汽车的用户增长可见图 8。

民众调查：您可能会考虑使用以下哪些产品？单位：%

产品	百分比
搭车产品	72%
共享工具	70%
共享单车	66%
共享汽车	62%
共享公寓	40%
二手衣物交易	26%
众筹	23%

注：基于曼海姆欧洲经济研究院对1000位受访者的访谈。

图 7　共享经济的发展潜力

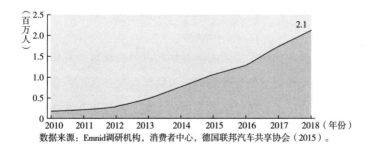

数据来源：Emnid调研机构，消费者中心，德国联邦汽车共享协会（2015）。

图 8　德国共享汽车用户增长

V
当新商业模式打破旧市场秩序

1　Drivy 是一家来自法国的租车服务平台。——译者注

共享代替产权是数字经济的核心。当然了，人们总是共享一些物品，有的时候钱也可以拿来共享，只是规模未曾如此可观。

这种共享经济在艾哈德时期是很难想象的。而与曾经以个人财产为中心的市场作用机制相比，当下的共享经济早已不同于往日。

同时，共享经济的发展已经延伸至多个领域：共享单车、共享电动滑板车、共享工具、共享婴儿服饰、共享会议室，当然还少不了共享房屋。作为一家房屋租赁平台，爱彼迎（Airbnb）在过去的几年中得到了史无前例的发展。对许多年轻人来说，如果要到城市中去旅行，他们的首选会是私人公寓而非宾馆。

即便用户群还不是很大，但共享经济的发展前景十分可观。从上述有关共享经济的民众调查中可以看出，在某些产品方面，人们使用共享经济产品而不是自己购买的意愿已经很高了。

数字化时代下的产业变革

共享经济的例子虽然能够很好地说明传统市场是如何在数字化的商业模式下发生改变的，但其实这只是冰山一角。因为数字化时代下的市场竞争态势已然不同。我们曾在第 2 章中提到很多因互联网应运而生的产品，而这一章我们将对数字化及现有市场结构转型展开详细探讨。在不同产业中，这种结构转型通常会发生在新产品与旧产品开始竞争的时候。

现今市场上新旧之争屡见不鲜，如数字信号与模拟信号的竞争；旅游业中的酒店遭到房屋租赁平台爱彼迎的排挤；传统的出租车行业要抵制类似优步这种租车平台，因为这类新型的打车平台会把乘客转移给私家车司机。在通信行业，传统通信公司过去能够盈利的电话和短信服务被 Skype 或者 WhatsApp [1]等免费的通信软件所取代。在零售领域，亚马逊、Zalando 等上百种不同的线上商城不断地冲击着线下市场，将顾客从步行街吸引到了电商平台上。免费的网络信息使得报纸与杂志等传统纸媒面临行业危机，因为付费获取信息这种传统的商业模式没有出路。就连银行也受到一些数字化创业公司的冲击，比如那个一举成名的智能手机银行 N26。

　　数字化在一定程度上改变了经济原本的基本运作原理，也改变了市场的运行机制。某些非常重要的行业因为数字化而发生了颠覆性的变化。面对市场上不断涌现的新竞争者，这些行业中的传统企业为捍卫它们原本相对稳定的营收而开始发起防御战。

　　与共享汽车行业不同，许多其他行业新秀的商业模式饱受非议。因为人们会质疑它们是否真的能够盈利。最好的例子便是出租车市场。德国出租车行业的运作模式几乎一成不变，出租车的数量和价格都由当地政府来规定，竞争在这里就像是被拉了手刹一般。市场经济制度中的两个核心要素在出租车行业

1　Skype 是一款即时通信软件，其具备 IM 所需的功能，比如视频聊天、多人语音会议、多人聊天、传送文件、文字聊天等功能。WhatsApp 是一个用于智能手机之间通信的应用程序。——译者注

基本上不存在：一是没有新的竞争者能够轻易进入出租车市场，在这里挖到其第一桶金；二是没有人能通过价格优势或者吸引人的汽车赢得乘客的青睐。一方面德国的出租车并没有得到很好的维护，另一方面出租车司机的服务质量也是良莠不齐。那么又为什么会出现这样一种局面呢？

国家干预出租车市场是因为出租车行业属于公共短途客运，而拥有客运许可证的人，其年营运时间必须要达到固定时长。此外，出租车司机是不可以拒载的，至少在当地及周边地区不行。也就是说，不论你是想去较远城区还是只想到三个街区外，出租车司机都不能拒载，这些规定使乘客的权益得到了保障。

即便出租车行业有如此严格的规定，出租车市场也面临数字化的挑战。例如代驾租车服务，人们可以通过网络或者电话事先告知出行路线，然后租车中心帮乘客找到可供租赁的汽车和司机。这些租赁服务商可以更加自由地制定价格，但同时也有一些他们必须要遵守的规定：这些车主们不能像出租车车主一样随意搭载街边的乘客。此外，每次载客后他们必须返回租车中心。这些服务其实很早以前就存在了，但互联网的应用推动此类服务迅速发展：人们能够在智能手机应用的帮助下更好地协调可调度的车辆与乘客的需求。

与此同时，这些手机软件还在以另一种方式改变着出租车市场，比如通过 mytaxi.de、taxi.de、taxi.eu 等其他德国可使用的叫车平台，人们也可以预订到普通的出租车。这些打车软件供应商会从合作的出租车公司手中拿走一部分提成。这给当地一些通常以合作社[1]形式存在的出租车中心带来不小的压力。因为在这种出租车中心，乘客们都是通过电话来叫车。但若是使用叫车软件的话，出租车公司的成本就会上涨：它们不仅要掏钱维持出租车中心的运转，还得给软件供应商分成。

在这些打车平台中，Mytaxi平台曾在业内引起过巨大轰动。事件起因是这家公司曾和科隆火车站签订过一份独家代理协议。协议中规定，只有在Mytaxi平台注册的司机才能在科隆火车站载客。此外，Mytaxi还会给它的用户赠送折扣券。这间接地挑起了原本被禁止的价格战，这家企业也因上述行为而引发众怒。传统出租车行业针对Mytaxi的这两种行为对该公司进行起诉。结果，Mytaxi与科隆火车站的独家代理协议被法院宣判无效。而折扣券一开始也被宣判无效，但是2018年德国联邦最高法院却对此事做出了新的判决。此后，折扣券便继续合法存在了。

另一个共享经济的衍生品——人民优步，也对旧模式发起了挑战。作为资本过百亿美元的美国优步公司的旗下产品，它一直在寻找机会进入全世界各个国家的客运市场。人民优步完全通过手机软件对车主与乘客进行匹配，这为那些想赚些外快的私家车主提供了机会。

所以这样说来，人民优步也是一个只有通过数字化才能

1　Genossenschaft（德文），中文为合作社，是德国的一种企业形式。——译者注

实现的产品，因为只有计算机算法可以实现实时对乘客和车主的需求进行匹配。虽然在大数据时代之前也有搭车服务的存在，比如搭车介绍中心。人们可以提前通过电话与中心取得联系，然后中心负责为乘客安排行程。但整个程序无论对车主还是乘客来说都相对烦琐，因此搭车介绍中心的市场也比较小众。

另外，互联网平台提供了其他平台没有的服务：只有通过网络人们才能看到车主的评价。毕竟，大部分人可能还是会对乘坐陌生人的车有些担忧的，特别是在车主还是非专业出租车司机的时候。以前，为了证明自己没有暴力倾向，许多没有出租车营业执照的司机还会在载客的时候带上自己的伴侣。而有了人民优步，这些举措便显得有些多余，因为乘客可以通过评价对车主进行了解，比如个人信息以及载客记录等。

但由于德国多地的出租车公司开始起诉人民优步，这家公司最后不得不退出德国市场。双方的关键分歧在于，与出租车司机不同，私家车车主一没有载客许可，二无须证明他们是否熟谙地形，三无须提供健康证明。此外，这些平台上的车主，其首要目的不是在一段预定好的行程中让别人搭顺风车，而是载客——这和出租车几乎没有区别。根据欧洲法院的裁决，人民优步的经营模式属于出租车服务。因此，人民优步被勒令退出整个欧洲市场，

但是，这也无法永久消除私家车司机与出租车司机之间的

竞争。客运市场上还有一些其他短途搭乘产品，这些产品不像人民优步那样肆无忌惮，而拥有更加严谨的商业理念，即只分摊车费而不盈利。比如戴姆勒旗下的 Flinc，主要为上班族上下班提供搭便车服务。值得一提的是，作为网约车公司的优步也并没有彻底退出德国市场。比如在柏林，优步就推出了预约豪华轿车的服务，当然价格肯定要比出租车贵很多。

市场改革的契机

出租车与网约车的案例向我们描述了数字化进程是如何在原本沉寂的市场掀起波澜的。但说到新事物与旧事物间的对立，出租车行业的数字化现象绝非个例。立法者在多个行业都面临这种问题，即如何应对随数字化产生的新商业模式。传统的既得利益者要求禁止新型商业模式以此保护旧模式；而数字化先驱则希望立法者出台适应新趋势的管理机制，很大程度上，他们的要求不是对管制进行改革而是取消管制。不过有一点是明确的，数字化时代的核心问题是如何能够更好地促进市场竞争以提升大众福利。

立法者的任务显得尤为艰巨。而作为研究市场竞争的经济学家，笔者不禁要问自己，消除或引入新的管制是否能够提高人民的福利水平？而像出租车行业这种在市场上缺乏竞争力且车费高昂、服务质量参差不齐的状况是否有可能通过市场机制的改革得到改善？还是说这种改革到头来只会徒劳无功？

不管怎样，数字化带来的变革都是改革的契机。借此机会，我们不但可以对现存机制进行检验，而且还能对旧有规则进行现代化改革。在许多行业，以法律手段解决此类纷争早已屡见不鲜。所以，如果新的法律法规能够对此类问题做出明确规定，那将再好不过了。与此同时，法律还能提高市场的透明度，使市场的可规划性更强。

新法律法规应保证新旧商业模式间的公平竞争。新的供应商不能因其创新性在市场上享有特权而逃避原本的规章制度，这正是人民优步此前的问题所在；而旧供应商也不能因其传统的商业模式而受到特殊保护。创新的想法应该能在不受外来干预的环境中得到发展。

但由于每个市场情况不同，所以每个市场所需要的调整也不同。在接下来的几个章节中，我们将对不同行业进行分别讨论并给出建设性意见，最后一节将针对零售行业面临的问题进行充分讨论。

1. 出租车行业

我们首先还是对上述出租车与网约车的案例展开探讨。首先，出租车行业应有新的规章制度取代现有的过时规则。我们有必要相应增加出租车数量并允许价格竞争；同时出租车运营许可不应受限，出租车价格也应该更加灵活。

如果现在每公里 2 欧元的高昂费用能够有所降低，那么出租车市场将会更有吸引力，乘客数量也可能会增加，行业收入也会随之增加。这样一来，可能会有越来越多的人放弃自己开车出门，从而在一定程度上减轻路面的交通压力。如果未来出租车市场可以更加自由化，那么质量竞争也可能会成为现实。假如有人想预约配有身着西装司机的豪华轿车，他可以为这些额外服务付费。同时为避免在一些特殊情况下顾客被收取高额费用，应为行程设定最高限额，同时实时向乘客显示当前乘车费用。

为了确保出租车司机不受价格竞争的压榨，也应该对网约车司机的工作时间和报酬做出严格规定。比如，所有载客记录都应经电子记录并存档，这在现代技术的帮助下不成问题。此外，司机们还要参加考核以及定期体检。不过这和对出租车司机的考核应有所不同，柏林的出租车司机需熟记600条街道和400多个标志性建筑物。在人人都用导航的时代，出租车司机的考核方式已经有些过时了。但我们不得不承认，和其他国家相比，德国出租车司机的考核还算人性化。比如在伦敦，出租车司机培训需要2~4年，学习强度也非常高。可能只有那些在身体和精神上能够挑战自己极限的人适合去做这份工作了。

此外，拼车也非常值得提倡。现在也有不少软件提供拼车服务：顺路的人一起分摊车费。此前还有些客运公司尝试把公交车和出租车的经营理念结合起来，这些都将有助于减少私人交通的使用。

其实只要有清晰明确的规章制度，人民优步这种私家车车主通过手机软件寻找同行搭车人的理念也是可以实现的。因为它的出发点是好的：单独驾车出行的人会越来越少，对汽车的利用则变得越来越高效，居民的出行成本也会有所降低。但面对私家车车主的保险等问题，法律上要有明确的规章制度。同时，这些提供拼车服务的中介平台也应该像共享汽车或者租车平台一样为乘客提供保险。

如果私家车车主和出租车司机同时在路上载客，那么立法者便要对赚外快的私家车车主和以载客为生的司机做出划分。划分的标准之一就是不同的年营业额。这样一来，像优步公司那种冒犯国家规章制度的放肆行径就可以得到避免。这样不一定会创造出一个规模庞大的市场，但是共享经济却可以很好地发挥其优势。

2. 出租私人住宅的中介平台

上述建议同样适用于出租私人住宅的房屋中介市场，比如爱彼迎或者 Wimdu [1]。旅行期间出租房子是人之常情，但这可能会给酒店行业造成一定压力。但是顾客喜好发生变化从而改变行业本身，这本就是市场经济的一部分。现如今，许多游客都不再喜欢住在索然无味的宾馆里面，他们更倾向于住在一个充满生气的、能够感受到一个城市脉动的房子里，这种房屋出租平台便成为他们的首选。

---

[1] Wimdu 是由德国 Rocket Internet 有限公司投资设立，专注于为提供日租公寓的商家和有日租需求的租客提供一个在线租房平台。——译者注

立法者也可以在此设立营业额限制，从而确保提供私人住房的是房主本人而不是由一些中介公司冒牌顶替。比如年营业额较低的人，无须在工商局进行注册，也不需要缴纳营业税；但那些营业额较高的人则要和酒店遵守相同的规章制度。为了更好地区分商用与非商用用途，有必要对每年可以出租的最高天数做出明确规定。

同时，地方政府也要在一些事情上掌握话语权。比如度假地区可以对在私人住宅中过夜的旅客征收疗养税，当然这需要线上房屋出租平台的配合。比如在阿姆斯特丹，占用税就是直接由爱彼迎向住户收取的。

这样一来，大城市中的住房紧张问题就会得到缓解。比如住房被改作人们度假的下榻之处，柏林之前就一直存在这种问题。还有就是更加严格地规定营业额门槛和每年允许租出的天数。其他国家在此方面已有先例，爱彼迎就在此前和阿姆斯特丹市签订协议，规定自 2019 年起，爱彼迎平台上的房主每年只能有 30 天将房子出租出去。在此规定出台之前出租期限为 60 天。

3. 新闻行业

如前所述，有许多其他行业也受到了数字化的影响。不过这些行业面临的不是共享经济的挑战。这些行业受到的主要冲击来自新兴的数字化产品。

在过去的 20 年中，随着互联网的发展，报社与杂志社面临严峻挑战。互联网让人们得以免费阅读新闻报道，纸媒的订阅量随之减少。读者数量下滑意味着广告收入减少，因为广告主将预算都转移到了线上市场，小纸媒的广告市场越来越不景气，纸媒也因收入问题陷入生存危机。

虽然一些媒体可以通过在自己的网站上提供广告位获得收入，但这些收入很难覆盖运营网站的费用。可以说，这种因互联网而兴起的"免费"文化对新闻出版行业造成了很大的影响。

回顾历史我们可以发现，互联网曾为我们带来了许多免费服务，比如电子邮件、社交网络和搜索引擎等。但这种免费服务对传媒行业来说显然不是一个好消息。现如今，全世界的人都适应了通过互联网可以免费获取所有信息这一事实，想让他们重新为质量更高的新闻报道付费，这个事后工程想必要困难许多了。

报社想要遏制这种"免费文化"注定是艰难的。此前曾有多家德国媒体公司试图通过收费来提高阅读新闻的门槛，可惜都失败了，因为大部分读者都不愿意付费阅读。所以如何在数字化时代保护传媒行业的多样性这一问题变得越来越重要。

这也并非是不可能的任务。以音乐行业为例，互联网刚开始兴起的那几年，音乐产业就曾有过一场与网络用户的斗争。人们会在网上经由一些"灰色地带"分享音乐文件。这种行为虽然违法，但一直以来却受到推崇。而音乐产业则成功地借用流媒体技术及其订阅功能，让用户重新以合法的方式享受音乐，当然这是需要付费的，至少是在用户不想听到广告的时候需要付费。虽然与人们购买 CD 和唱片的年代相比，音乐产业的利润大不如前，但至少这个方法使这个行业的发展稳定了下来。

数字化时代下，市场之间的界限也变得越来越模糊，这也给媒体带来了不小的困扰。因为这会把其他市场的挑战也带过来，比如公共无线广播公司。电视台一直以来主要致力于广播和电视节目的制作，而报社则注重文字类的新闻报道。但在互联网时代，广播公司和报社的分工开始模糊起来：报社尝试推出自己的广播节目和视频推送，而德国电视一台、二台也开始运营起了自己的新闻门户网站和手机软件。这意味着那些公共财政支持的广播公司和那些私营的媒体形成了直接竞争关系。那些私营的媒体多以广告为生，而广告却不是"每日新闻"这些公立新闻广播公司的主要收入来源。

媒体便因此要求广播公司停止提供与其相类似的服务。双方就此达成了一个初步共识：根据新的《电信媒体法》，广播公司应主要致力于动态图像的制作，而其网站上的文字报道则必须与其广播或电视播出的内容相关。

由此看来，为适应数字化时代的发展，应重新对公共广播公司的主营业务内容做出规定。立法者其实本可以对广播公司与报社的职责范围做出更加清晰的划分。但德国电视一台、二台目前的职责是什么还没有明确的规定。

不过广播公司还不是唯一对报社发起挑战的竞争者。报社和互联网巨头谷歌也有过纠纷。双方分歧点主要在于谷歌的新闻版块。谷歌在没有向各大报社付费的情况下，在其谷歌新闻上展示来自这些报社的新闻内容。谷歌新闻因其按照字母排序的整合功能而备受欢迎。而且即便没有植入广告，谷歌新闻同样可以起到为读者推荐其他谷歌产品的功能。对此谷歌做出的解释是，谷歌新闻旨在为新闻网站增加阅读量，因而无须为此承担费用，因为读者点击想阅读的文章，页面会自动跳转到源网站上去。多家报社以谷歌公司未经允许擅自引用它们的新闻内容为由，向法院提起诉讼，并要求谷歌公司赔偿。该项诉讼请求根据德国新颁布的《邻接权法案》本应得到支持。但谷歌表示，如果各报社要求谷歌公司为引用推送新闻支付版权费，那么谷歌将不再引用任何原文链接。面对谷歌的威胁，各报社又不得不做出让步。今天看来，当初为通过《邻接权法案》而做出的努力只是"竹篮打水一场空"。

看起来，媒体似乎一直希望能借用法律为自己谋求一些有利条件。那么最新修订的德国《反不正当竞争法》在禁止卡特尔和垄断方面可能给了媒体行业一个喘息的机会。根据最新的《反不正当竞争法》，媒体可以在广告业务或出版物销售等业务中互相合作，而无须担心反垄断机关会前来调查它们是否构成卡特尔或垄断。因为在其他行业，卡特尔等将会削弱市场竞争并对其他企业的利益构成威胁。而这项特别针对媒体设立的条款还强调，此项规定旨在让媒体发挥其协同效应，以共同应对互联网公司的挑战。

但我们都知道，如果只是想证明人们在关心新闻业的未来，上述法律规定不仅有些多余，同时还隐藏着一定风险。因为《反不正当竞争法》和德国联邦卡特尔局本来就会手下留情，特别是当一些企业为了在市场竞争中存活下来需要节约开支时。所以相比运营良好的企业间并购，联邦卡特尔局对濒临破产的企业间并购则友善很多。如果立法者在法律中任意对媒体行业另做规定，只会降低《反不正当竞争法》的信誉。另外从政治层面来说，法律本身并不完美，它无法同时给每个行业带来最好的结果。而且一旦为某个行业开了后门，就很难不对别的行业一视同仁了。

总体上来说，人们很难从政治层面出发采取有效举措以帮助传媒行业走出困境。传媒行业需要主动出击以适应数字化所带来的转变。短期看来，互联网的发展对传媒行业形成了经济上的挑战；但长远来说，互联网也为这个行业提供了更多的创新发展机遇。毕竟，未来的传媒产品可能是我们今日完全无法想象的。

眼下，脸书和谷歌等互联网巨头都试图将自己定位成媒体的合作伙伴而非竞争对手。如果这种合作关系可以一直这样保持下去，那么新闻业便能稳步向前发展，即便这些科技巨头的真实目的可能是要讨好这些批判性很强的行业。

4. 通信服务

出租车行业中小企业居多，传媒行业则多为中型企业，如果不考虑斯普林格（Axel Springer）和古纳亚尔出版公司（Gruner Jahr）的话。但在某些行业中，一些大型企业正面临着数字化发展带来的巨大压力。电信行业便是最好的例子。在德国，提供固定通话以及移动电话服务的德国电信和沃达丰就受到了以互联网为基础的通信工具的挑战。有了 Skype、WhatsApp、Threema、Facebook Messenger 这类通信软件，用户便可以免费通过智能手机或者电脑向全世界发送信息了（至少基础功能是免费的）。同时用户还可以通过这些软件进行语音或者视频通话。这一切都无须电话线的帮助，只要能连接到互联网便可以实现这一切。

一边是免费的通信软件发展势头强劲；另一边则是主营电话与短信服务的电信公司盈利越来越少。2012～2016 年，德国境内的短信发送数量下降了五分之四，四分之一的长途电话被新的通信工具所取代。20 多年前，通信市场不断涌现新的竞争者从而导致通信服务价格下跌，而数字化的发展可能会再度引发一波价格下跌的趋势。如果通信软件能够以此态势持续发展下去，那么在不久的将来，或许再也没有人需要电话或者短信服务了，毕竟这是现在人们话费账单高昂的主要原因。这也是为什么电信公司极力想要捍卫它们地位的原因。要知道过去的通信业曾是电话的天下。

短信服务基本已经被通信软件所取代，打固定电话的人也越来越少。不过移动通话倒是还没有面临这一问题。虽然 WhatsApp 可以实现移动通话，但是线上通话要耗费很多流量。

目前德国的手机合同中流量套餐还没有这么充裕。全德国范围内，只有很少一部分地区每月能够提供超过 5GB 的高速网络流量套餐。而在欧洲其他国家，大额流量包早已司空见惯，且价格实惠。北欧人在这方面已经遥遥领先，他们的手机合同是不限流量的。

而德国在这方面已经落后了很多。虽然人们在德国用完套餐中的流量后可以继续充值，可流量包却价格不菲。电信公司如此吝啬的原因很简单：如果日后人们用流量就能进行线上语音或者视频通话的话，那么电信公司便又会失去一个重要的收入来源。而只要目前的流量还不足够让人们经常线上语音或者视频通话的话，这些都还不足为惧。

但这对于顾客和数字化的进程来说并不是一个好消息。所以人们希望德国电信市场可以重现竞争活力，这样一来流量包的价格会有所降低。但在 O$_2$ 并购了 E-Plus 之后，德国目前仅存三家主流电信运营商，这或许只会进一步削弱电信市场的竞争。

立法者和政府或许可以对电信运营商做出规定，令其为顾客提供更多的数据流量。但这很可能会演变成一种国家对市场的干预行为，这恰恰是人们一直以来想要避免的。虽然欧盟委员会在过去一段时间里一直试图说服欧洲各电信运营商降低费率，但其实他们讨论的是漫游费，也就是在外国拨打电话的费用，和在某一个国家内使用的流量费无关。因为欧盟一直致力于建立一个共同市场，所以它对漫游费的干预也算合情合理。

V

当新商业模式打破旧市场秩序

149

对国家来说，通信软件的繁荣也带来了一些悬而未决的问题。比如，传统电信运营商指责 WhatsApp 没有为用户提供拨打紧急电话的服务。换句话说，人们不能用通信软件报警（或火警）。表面上来看，没有拨打紧急电话功能好像无伤大雅，因为智能手机总归还是可以打电话的。用户平时可以通过通信软件在网上交流，在需要拨打紧急电话的时候打电话。但是提供拨打紧急电话这项服务对于电信运营商来说却是一笔不小的开销。为了保证在网络过载的情况下也能拨打紧急电话，电信公司必须常年保持此线路的畅通。此外，电信运营商还要确保能够定位到每一个拨打紧急电话求助的人。

但如果有一天所有的通话都可以通过移动数据网络在通信软件上进行，就和现在的平板电脑一样，智能手机也没有了通话功能，通信软件供应商势必要推出拨打紧急电话的功能了。不过这是以后的事情。现在能做的是，各大通信软件供应商应该共同出资，以维持运营电信供应商的拨打紧急电话服务。

与此同时，智能手机的一些功能也有助于完善紧急通话系统，例如当事人可以直接通过手机软件向救援人员发送位置信息。除此以外，当事人还能第一时间向救援人员发送图片和视频，对事故情况进行报告。德国目前的一些指挥中心已经开始对这种软件进行测试，不过这项功能还未覆盖全德国。

当立法者在为紧急电话烦恼时，执法者在其他方面也遇到了一些问题。因网络平台具有网络外部性的特点，通信软件供应商可以从其产品中大大获益。一个用户通过某个通信软件联系到他朋友圈中的人越多，那么这个软件的用户也就越多，而其他同类软件则会渐渐淡出市场。这些优势看似规模很小，但星星之火可以燎原，这也会削弱市场竞争。就像脸书、谷歌或其他类似的平台，虽然对终端消费者来说这些服务都是免费的（至少在基础功能上），但在这个市场的另一边，互联网巨头却可以取得更高的收益，比如向用户推送广告。从这个角度来说，这个市场就不再是没有现金流的市场了。这也就意味着有必要使市场上的竞争机制得到保障。

要想人为地保持这个市场的竞争，这些通信软件供应商应该在平台间互通方面提供更大空间。这样一来，WhatsApp 的用户也可以和 Skype 的用户通话。这种操作技术上来说是可行的，但是目前还不会成为现实。因为相比于同时使用多个社交软件，目前用户对同时使用多个通信软件的接受度更高。许多人都会在手机上同时安装多个软件交替使用，所以目前还没有采取上述措施的必要。

但这些通信软件的兴起不仅会让政府头疼，同时对世界各地的电信运营商们来说也是一种挑战。通信软件与电信运营商这个案例，再次佐证了互联网五巨头是如何改变传统市场的（比如微软的 Skype 和脸书的 WhatsApp）。

5. 金融科技与银行

互联网巨头旗下的通信软件和几大传统电信运营商在通信行业进行着激烈的竞争。而反观金融行业，着实是另外一番景象：这里不是巨头对巨头，更像是大卫对歌利亚[1]。准确来说是许多小大卫对战几个大歌利亚。

在过去的几年中，银行业中涌现了一批小型的创业公司——金融科技公司。这些创业公司依靠着新奇的点子搅动着一个原本沉寂的市场。这些金融科技公司让每天准点下班的银行变得有名无实，这足以让整个行业瞠目结舌。

仔细观察这些金融科技在对私业务上取得的成功，人们不禁会问，为什么银行没有自己开发出这些功能呢？比如，只需在银行软件上输入收款人的名字便可以完成转账交易，省去了输入二十几位的银行账号的麻烦，毕竟人们很难记住冗长的银行账号；或是在线上进行小额交易的时候，仅凭电子邮件和密码便可以完成支付；再或者在超市、药妆店或者小卖部也能存取现金；还有通过软件线上转账，大大缩短交易时间，以前转账给别人通常要等上一两天，现在的交易基本都是实时完成，至少在双方银行账户属一家银行的时候是这样。这些并不是什么尖端科技，银行自己本来也可以发明出来，可惜它们却没有发现这些创新的必要性。

而在对私业务中，已经涌现了不少智能软件。比如，人们可以通过一些软件管理自己的资产，即便这些资产类别不同；还有一些软件可以实现 AA 制，比如在大家想一起买一个生日礼物的时候；另外有一些软件会为用户提供投资建议，换句话

---

1 《圣经》中大卫（古以色列国第二代国王）年轻时在与非利士人战争中战胜巨人歌利亚的故事。现多用于比喻以弱胜强。——译者注

说就是一个算法机器人专门为用户服务，并根据用户的风险偏好提供投资策略。

在一些众筹软件上，人们可以通过分享他们的商业点子来吸引投资。以前小型企业只能从银行获得贷款，现在这些众筹平台上虽然投资风险更高，但却为人们提供了多样化的选择。

还有一类 P2P 信贷平台，使得私人客户间的信贷交易成为现实，其交易过程也十分简便。P2P 信贷交易其实一直都有，只是此前很少有人能够将烦琐的交易程序简化至此。而随之也产生了金融领域的社交网络——社交交易平台。这里不仅有投资者互相交流投资策略，也有专业的投资者公开自己的买入卖出情况，其他人则照此进行投资。

而这些 P2P 信贷平台也让传统基金陷入了困境。在传统投资基金中，提供专业投资服务的人通常会获得高额报酬，也就是从投资收益中收取一部分佣金。但是如果人们选择在社交交易平台上进行投资的话，他们可以获得全部的投资收益，因为他们只需支付很少的佣金甚至不用支付。不过，如果这些平台的管控机制不像传统基金那样严格的话，投资风险也会更高。

P2P 信贷只是金融科技公司创新的一部分。除此之外还有很多 B2B 服务，比如第三方托管系统。第三方托管系统会先代替卖方向买方收取费用，待买方确认货品完好无损后，这笔金额才会被打到卖方账户中去。还有一些平台会帮助企业账户避免黑客攻击，同时对可能出现的新风险持续进行监测。

由此看来，似乎金融科技公司在所有银行涉及的领域皆有创新，无论是支付系统还是投资理财，无论是融资还是咨询。哪怕这些金融科技产品一开始只有很少的客户，随后的市场增长速度都十分可观。一些实力雄厚的投资公司早已看准了这些新兴公司的发展潜力。许多金融科技创业公司已经拿到了数十亿美元的风投，得以继续扩大其规模，尽管近期这些公司能拿到的风投总额有所下降。有些公司虽然还没有开始盈利，但发展前景却十分乐观，足以让人期待。

金融科技公司的发展也让监管部门十分头疼。因为这些公司的繁荣让传统金融机构举步维艰。自 2008 年金融危机爆发以来，人们对金融市场的信心下降，自然而然会更愿意尝试新鲜事物。再加上这些数字化产品的门槛较低，特别是在账户管理和转账等业务上对银行形成不小的价格压力。尤其在低利率时期，手续费是银行主要的收入来源之一。

这种转变会持续推动金融行业的结构转型，传统银行业可能很快会出现并购以及关闭支行等现象。未来在步行街上人们很难会看到人民银行、商业银行、储蓄所或者德意志银行的支行了。

银行正在为应对金融科技公司的创新而绞尽脑汁。没错，因为如果它们还不及时对此做出反应，便会有客户流失的风险。其产品应该更加数字化、更加符合客户需求，最好还物美价廉。不少金融机构已经开始推出自己的创新产品，也有一些选择与金融科技公司进行合作或是直接将其纳入麾下。

现在对未来20年金融科技公司的发展态势进行预测还为时尚早。日后很可能会出现更多的金融科技公司。当然，这期间经营不善的公司将很快成为并购热潮中的牺牲者。另外，像互联网行业过去20年间出现过的一样，金融科技的发展可能也会进入停滞期，随后市场上只剩下几家巨头。这也可能会削弱市场竞争与创新。

监管部门应该尽可能避免上述情况的出现。虽然过去金融科技公司为银行业带来了创新，但若是没有自由竞争，也就不会有创新可言。立法者和市场监管者应尽力维护创新的土壤。

但是，要如何实现上述目标呢？金融危机的历史告诉我们，金融业出现崩盘会给经济带来极大的影响。当年几家银行破产便让西方世界为此付出了惨痛的代价，没有任何行业会比金融行业更需要稳定。而为了维持这种稳定性，对银行业的监管在过去十年间变得越来越严格。

这些管制对银行应该如何开展业务做出了详细的规定，此外还制定了完善的管制措施。同时被抛弃的还有应继续保证银行高度自由、仅提高安全保障底线即可的管理思想。这种思想认为只要提高银行信贷业务基础的自有资金率，即可防范大规模信贷崩溃的出现。要执行这上千条细致的规定，银行方面需要许多专家。就连大型银行也要聘请管理顾问，以免出现任何错误。

还有一点必须承认，复杂的监管制度更有利于规模更大的机构，因为它们可以承担得起为应付规定产生的费用。这会再次打击市场信心从而削弱市场竞争，许多潜在竞争者会因此望而却步，不敢进入市场。而且这些新兴的机构也会因为规模太小而很难承受监管机制带来的负担。

尽管如此，仍有许多金融科技公司踊跃加入这个市场，原因有二：一是因为它们与一些小型的新兴银行合作，后者可以帮助其规避规则；二是一些市场太新，监管还未形成。

所以是时候由政府来采取一定的措施了，以便维持金融市场的稳定性，同时确保金融科技市场也可以遵守这些规则。虽然这些金融科技公司目前的规模还不大，即便倒闭，也不一定会产生像经济危机般的多米诺骨牌效应。但是它们的规模越大，对整个市场的影响也就越大，它们对市场造成的潜在风险也就越大。这也是金融科技公司蓬勃发展背后的一大隐患。所以我们在研究银行业务与银行抵抗风险能力问题时，也不能忽视对金融科技市场发展的研究。特别是涉及信贷和投资问题时，未来如果出现破产的情况，可能会造成像金融危机一样的严重后果。

许多国家过去几年出台了很多解决方案，以便更有效地对这些金融科技公司进行监管。比如德国联邦金融监管局（BaFin）负责银行日常经营活动的具体监管；还有英国金融行为监管局（FCA），推出了监管沙盒，在这个安全空间（沙盒）内，金融科技企业可以在比普通银行遵守更少规则的情况下对创新产品进行测试。不过金融科技在沙盒中的发展会有一定局限性。比如对用户人数设置上限，且需要相关机构的监督。但沙盒能够让每个金融科技创新都有机会小试牛刀，创新也不会因为创始人对进入市场的恐惧而被埋没。同时，对金融产品的发展进行人工限制也能够在一定程度上规避产品失败后带来的风险。

不过，沙盒这个设想在某些方面与竞争政策的原则相悖。因为它很明显地倾向于那些小型的金融科技公司而没有为市场上的竞争者创造相同的条件。但对那些想要进入市场的小企业来说，监管条例是更高的壁垒，因而这种偏爱也算是情有可原的了。

不过话说回来，沙盒的构想原是为了促进创新和新标准的制定。从这个角度来说，沙盒对银行业的整体发展还是有益的。因为如果支付手段可以更方便快捷，如果企业有更好的渠道筹集资本，如果客户也能获得更多优质的投资建议，那么大众福利也会随之提升。银行业的繁荣与稳定会对实体经济的发展有所裨益。只有当银行业顺利发展时，人民的日常生活才能更加富裕，企业才能更加兴旺。

如此说来，英国的解决方案的确比德国的更加有效。因为金融科技的繁荣发展在德国会受到限制。许多创新产品可能在德国完全得不到发展，或者至少没有什么德国本土的创新产品。原本金融地位就落后于英国和美国的德国，可能又要在此与发展机遇失之交臂了。

6. 零售业

快递员多久按一次你家的门铃？你的回答可能是：很频繁。因为快递员总是拜托你帮忙代收邻居的快递，不过这不是我们讨论的重点。如果你也是德国的常住人口之一，那么你2017年一年可能收到了4个邻居的快递和40个自己网购的商品。这一年中，你的家庭成员有40次没有去步行街或者购物中心购物，而是在家里电脑上动动手指便完成了一切。而在未来的几年里，你们网购的次数可能还会越来越多。

网购的时候你一定会货比三家。要是在以前，你可能要去市区逛上两三家店铺比较一下价格，这恐怕要耗费掉你半个下午的时光。现如今，你只需要几秒钟便可以将全德国甚至世界范围内的价格进行对比，而且在下单之前你还能看一下评价。以前你都是问问朋友们对这些产品的使用体验，但这些活动费时费力又不够高效。

线上购物在德国发展十分迅速，同时也带动了快递业的繁荣。仅2017年一年德国境内便产生了33亿个包裹，这一数字大约是21世纪初的两倍。这些包裹中半数以上是企业对私人的，剩下一半主要是公对公的。我们在物流上消费掉的纸张本来就很多，此前在其他比如办公室等地方节约出来的纸张可能都用到快递包装上去了。

美国互联网巨头亚马逊带动了线上购物的繁荣。亚马逊的成功再次验证了数字化给传统行业带来的影响。零售行业的大规模结构转型对步行街上的商店来说绝对是个噩耗。与金融业和通信产业不同，零售业面临的首要挑战并非科技创新。很早以前，邮购交易和商店之间便存在着竞争——人们可能首先便想到了万乐和内卡人[1]。其实二战结束后，邮购对德国人来说已经变得越来越普遍了，只是还不曾达到如今这样的规模。

邮购业务其实本身并没有什么新奇之处，只是最近几年才达到了现在的市场成熟度。这一切都要归功于互联网带来的发展机遇，数字化的创新大大推动了邮购业务的发展。

以前经营邮购商店时总是要达到某个最小商品种类数，才值得商家去印制宣传册。而如今的商家，哪怕只有几种商品也可以在短时间内开起店铺来。无须过高的成本，商家便可以在详尽地介绍所有产品的同时给顾客留下深刻印象。而顾客只需输入关键词便能找到他们心仪的产品，再也不用耗费时间去翻看商品宣传册了。

互联网简化了买卖双方的交易过程，仅通过手指便可完成一切：搜索商品、查阅商品、货比三家，然后下单付款就可以等待送货上门了。以前人们要首先把长达15位数字的订货单号一一对照地填写在订单上，转账的时候还要再填一遍，还要祈祷银行的工作人员能读懂并正确输入全部内容。

以前你或许还会经常因为快递送货不及时或者漏发而大发

V 当新商业模式打破旧市场秩序

1　万乐：Quelle；内卡人：Neckermann，两者皆为德国邮购公司。——译者注

雷霆，但现在物流业也随着数字化而越来越成熟了。电子邮件可以接收物流信息，可以自行选择合适的派送时间，还可以拜托小卖部或者邻居代收快递。

不过这种线上购物的发展与零售业的转型对线下交易来说就有些残酷了，而且这才刚刚开始。没有任何一个行业像零售行业一样因数字化发生如此大的变化（见图9）。线下交易正因此遭受着三重打击：行业内竞争、价格战以及高标准的顾客需求。对于实体店不时缺货和售价比网店更高的情况，消费者的容忍度已经越来越低了。

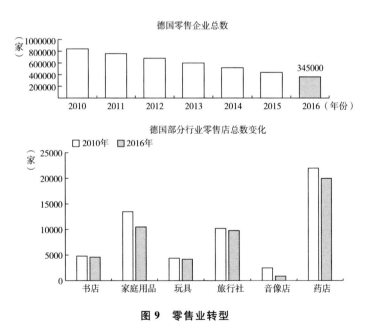

图9　零售业转型

部分商业形式遭受到的打击则更为严重。有些商店已经消失。2010 年以来，有五分之三的音像店、四分之三的唱片店关门大吉。因为这些音乐和视频都能以流媒体的形式出现在电脑、电视以及智能手机上。如今大部分人购买门票也是经过线上下单然后再打印出来，不会再去步行街找售票处；照片也是存在手机上不必冲洗，如果想打印的话我们可能会去 Rossmann 或者 dm[1] 而不是去照相馆了。数字化革命将这些实物产品电子化以后占用的内存很少，存储起来的文件也能够随时调取。因此，这些产品的实体店会很快消失也不足为奇了。

商业中的其他一些领域也受到了线上购物的威胁。这些领域的产品虽然是实物，但要送货上门也很方便。2010 年以来，五分之一的家用电器商店、七分之一的玩具店和八分之一的书店已经不复存在。整体看来，每十二家零售店铺中就有一家已倒闭。就连过去一段时间内数量有所增长的服装店也因网购的繁荣发展而遭受了不小的损失。首当其冲的就是一些品牌数量众多的旗舰店，这种店近年来在德国境内开了不少，但销量却不佳。

步行街上实体店数量正在不断减少，这一现象早已屡见不鲜。不仅仅在繁荣的大城市如此，在中小城市特别是经济欠发达地区亦是如此。许多精致的商店渐渐被大甩卖或者廉价品牌所取代，有一些店面更是直接被闲置了。

1　Rossmann 与 dm 为德国的日化用品超市，超市内提供自助照片打印机。—— 译者注

经历一场产业转型对商业来说不足为奇。10年前超市的繁荣发展将老式的杂货店挤出了市场。购物中心的出现也逐渐取代了五金店、布料店和服饰店。我们要时刻关注数字化带来的产业变革。如果说稳定性是德国国民经济的标志，那么现如今的市场可谓是变幻无常。

商业正在不断地被"亚马逊化"，就像不断缩小的亚马逊热带雨林一样，实体店的市场份额因互联网竞争而越来越小。邮购公司的营业额自2010年以来已经增长了150%。相比从前的仅二十分之一的营业额来源于网上购物，这一数字如今已经提高到了十分之一。

亚马逊目前已然是遥遥领先，未来，其他商业公司和这家线上购物网站间的差距只会越来越大，这家商业巨头在德国的增长速度飞快，几乎没有其他公司能与其并驾齐驱。因为亚马逊的首要目标一直是扩大规模而非盈利。根据德国科技杂志《T3N》的数据，亚马逊自营的营业额占比达到了德国线上购物总营业额的四分之一。如果对比亚马逊平台的数据，即亚马逊自营和第三方在亚马逊平台上的整体销售情况，可以发现，亚马逊自营的占比超过50%。

虽然德国整体零售业的营业额以每年2.5%的速度增长，但如果去掉线上零售行业，实体店目前的增速比2.5%低三分之一。德国零售业营业额的增速仅比消费价格指数的增速高一点点，而且明显低于整体的经济增长速度。实体店销售行业正在面临严峻的挑战。

互联网竞争的优势让这些步行街的实体店商家几乎无计可施。有些商家试图通过一些宣传标语让顾客感到良心不安。比如有些药店的宣传海报上会写"有哪个网上药店能够在你半夜40℃高烧的时候送药上门呢?"在一些书店的橱窗你还能看到"仅为本店顾客提供洗手间,其他人请去亚马逊"这类标语。还有一些商家开始向顾客收取体验费,因为顾客在网购前总是想去实体店先看看实物。

网购的发展的确对实体店造成了影响,因此实体店商家对此感到恼火也情有可原,但让顾客产生负罪感或者从一开始就怀疑顾客的真实目的,这并不是个好主意。因为只有顾客心情好了,商家才更可能有生意。

那么国家是否有理由像路德维希·艾哈德提出的秩序政策所主张的那样去干涉商业的发展呢?比如控制线上零售业的增长。国家干涉有一个前提——竞争对市场发展起到了消极作用。

答案是大刀阔斧行不通,但可以进行小手术。因为线上零售业繁荣背后的原因,其实是消费者的购物偏好正在发生变化。在市中心逛着一家又一家的商铺听起来很不错,但线上购物的优势更明显,那些消费者就是喜欢线上购物,这是无法逆转的。

一种商业模式从反响热烈到逐渐失去吸引力,不过是商业的生命周期,这其实便是约瑟夫·熊彼特提到的"创造性毁灭"。这位奥地利的经济学家认为,必须要打破旧秩序、创造新环境才能让企业不断自我革新。从秩序政策的角度来看，我们没有任何理由对某一种商业模式比如步行街上的实体店进行特殊保护而打压线上购物的发展。

况且，线上商家间的价格战也能在一定程度上提高大众福利，消费者购物的成本降低了，他们可以把节省下来的开支用到别的地方上去。只要市场上还没出现垄断，消费者就不会被压榨。这对总体经济发展来说也未尝不是一件好事。

国家出台政策限制甚至禁止发展线上购物是十分荒唐的行为。比如，因为实体店在周末及节假日不能营业，所以邮购公司也被禁止在这些日子里装仓发货。这样的要求未免有些过头了，毕竟一些为市中心的实体店供货的批发商就是这么做的。另外，与市中心的实体店相比，线上购物本来在到货时间上就有劣势，通常人们在实体店可以第一时间拿到货物，但是网购的话，人们通常要等上两三天甚至更久。

不过，国家仍需在某些竞争政策上留心。其中一个便是线上购物平台和线上商家间的依存关系。比如，亚马逊网站不仅提供亚马逊自营产品，同时还有许多第三方商家在这个线上平台进行交易。许多第三方商家已经能够在亚马逊上实现盈利，但同时它们也希望亚马逊能够提供一个更加公平的经商环境，比如不要收取太多佣金，或者入驻的门槛不要过高，等等。理论上来讲，第三方商家如果对亚马逊的制度感到不满，可以换到另一家平台上去，但事实上这种可能性微乎其微。因为换了平台之后这些商家将很难实现盈利。

让政府有关部门对亚马逊第三方商家经商条件进行检查也不是没有可能，大家对此的呼声也越来越强烈。在德国《反不正当竞争法》中有针对超市行业供应商的规定：不正当竞争行为不仅包括以不正当手段排挤竞争对手，同时也包括利用供货商对超市的依赖性对其进行剥削。这种依附关系常出现在食品贸易行业中，因为食品贸易行业通常都是数个小型供货商为几家大型企业供货。而线上交易与此有异曲同工之处：线上购物商家如汗牛充栋，但可供交易的平台却屈指可数。

国家应该保证线上购物和实体店间的公平竞争，以确保没有任意一方为牟利而滥用其市场支配地位。线上购物行业的另一大问题是工资政策。有些大型线上供应商不按照零售业劳资协定支付仓库管理员的工资可能还算说得过去，因为他们不会第一时间接触到消费者，因而也不必熟知所有商品条目。但供应商的一些其他做法则应该被制止，像近来媒体揭露出的无加班费、工作环境差、订单量不断增加或者各种形式的无固定期限劳务合同等行为都会在一定程度上削弱市场的竞争性。因为通过这些手段，线上商家可以压低生产成本，从而以更低廉的价格出售商品。但一切还表现得像是在公平竞争。

物流行业也是如此。媒体也经常报道物流行业见习生与正式员工间的不公平待遇问题。许多快递公司还会将派送服务外包给承包商。这样一来，即便承包商在这一环节犯了错误，快递公司也无须为此负责。如果想要避免上述事情的发生，政府可以在此引入一项"总承包商责任制"条例。在此制度下，总委托方要为下游承包商的过失负责。由此可见，果决的劳动力市场政策和社会政策对抑制市场的破坏性来说十分重要。

一些产业极力想让政府出面抑制线上购物在该产业的发展，比如药房。医药行业认为如果乡村地区有越来越多的药店倒闭，那么该地的医疗保障将会受到威胁，事实也的确如此。在人口稀少的地区，药剂师是人们生病时最先求助的对象，毕竟医生在这些地区尤为稀缺。如果这些地方的居民得开车去最近的急诊诊所的话，那是很危险的。但从2010年至今，德国每15家药房中就有1家已经倒闭。

数十年来，德国药房一直受到《反不正当竞争法》的保护。而药房的成与败通常取决于两个因素：地理位置以及用药建议的质量。鉴于药品价格在全德国几乎一致，所以价格不会对药店的兴衰产生过大影响。但2004年还是发生过一场价格战，当时邮购业务开始兴起，非处方药的价格呈下滑趋势。现在非处方药中邮购的市场占比已经达到12%。

欧盟此前曾通过一项法案，此法案可以让德国顾客在国外药房邮购处方药时享受折扣。尽管目前邮购处方药的市场占比很小，但这项法案还是引起了德国药剂师协会的不满。药师协会的抗议奏效了，2018年的德国大联合政府执政协议中就提议禁止线上进行处方药交易。虽然基民盟一直以来都致力于此，不过目前还没有看到成效。

邮购对医药行业的发展是否有影响？秩序政策能否解决这

个问题呢？人们在线上可以以更优惠的价格买到治疗慢性病的药品，同时购买非处方药时也无须专业的就医咨询，只需自行定期购买即可，购买家中常备药品同理。这样看来，以实惠的价格邮购药品的确对消费者更加有利。

但乡村的医疗保障同时又是至关重要的政治议题。虽然目前德国还没有出现药房紧张的问题，平均约 4000 个居民就有 1 个可供使用的药房，在大城市里药房更是一家挨着一家。如果您有幸到杜塞尔多夫的弗里德里希大街上转一转，您就会在格拉夫-阿道夫广场和教堂广场之间 500 米的距离内发现 4 家药店，而在它附近的小街上可能更多。

但若是乡村地区唯一的一家药房倒闭了，情况可能会变得有些棘手。秩序政策的制定者不禁要问：要采取何种手段既能保护乡村地区的药房又可以不对市场进行大规模干预呢？像 2018 年大联合政府执政协议中那样，完全禁止线上销售处方药吗？这恐怕不是个"微创手术"，而是大动干戈了。另外，即便禁止在线上交易处方药，乡村地区的药房数量可能还是会持续减少。哪怕没有减少，线上销售药品仍然有助于医疗条件得到保障，因为它让那些远离城市的人也能轻松地购买到他们所需的药品，当然紧急情况除外。

或许有一个更好的解决办法，那就是为能够在人口稀少地区工作并保证营业时间的药剂师设立一个津贴。津贴的额度可以借助竞标的方式来形成。也就是说，津贴额度一直上调到药剂师愿意营业为止。此外，国内外处方药价格政策应该统一，如果国内处方药没有优惠，在国外也理应如此。更好的方法是灵活的定价和有针对性地对药房进行补贴。这样一来，市场便可以继续为顾客提供福利，医疗条件也由此得到了保障。

有一些行业在与线上商业竞争时以保护文化产品为由希望得到更多扶持，比如书店。书报行业的发展前景的确令人担忧：书店行业的总营业额自 20 年前起便停滞在 90 亿~100 亿欧元/年。与此同时，网购书籍的市场占比不断上升，现在已经占了大约五分之一。可见，书店行业的颓势早已有迹可循。

毋庸置疑，书籍是一个国家重要的文化产品，它们承载了这个国家伟大的诗人和思想家的心血。因此，书店也理应得到更好的扶持。但为了保护文化产品而遏制线上购物的发展，这种干预手段可能有些矫枉过正了。为什么不在这里也提供一些资金支持呢？比如有针对性地扶持那些除了售卖书籍之外还举办各种文化活动的书店，还有小地方的书店。

还有一个问题也值得讨论：德国的《图书固定价格法》。此项法律保障了德国图书价格的统一售价，由此避免了价格之争。但固定价格也是干预市场的一种手段。固定的统一价格虽然在一方面为小商家与亚马逊等巨头的价格谈判上提供了保障，但另一方面，商业巨头还是会从中获益，尽管这些商业巨头从事的是大规模交易，但仍然能从每本书中和小商家们获利一样多，有时甚至更多。因为大商家的劳动和租金成本更低，它们进货的折扣也更大。应该要固定价格还是灵活价格？这便陷入了两难：一方面那些商业巨头在没有价格竞争时都能保持增长；

另一方面固定价格还会给小商家带来一个机会——靠更好的服务收更高的价格。如果书商可以为每一位读者提供符合他们喜好的、一对一的阅读推荐服务，那他们为什么不能主动要求多收取1欧元呢？亚马逊平台虽然能通过算法为顾客推荐书籍，比如阅读此书的读者还读了哪些书……但是算法怎么会知道哪本书更好呢？

此外，书籍的价格一直居高不下也会影响书籍的普及度。如果书籍的价格可以更加实惠，那么阅读的人也会越来越多。由此看来增加售书的地点也将大有裨益，比如在超市或者加油站。不过除非这些商家有价格优势，否则在这些场所很难实现大规模销售。

同时，德国联邦卡特尔局也在密切关注这些影响力较大的线上商家和连锁店。如果它们强迫出版社接受不利条件或是以低于采购价出售书籍以此削弱竞争的话，它们将会面临反垄断调查。

因此也有不少人建议，德国应该像瑞士一样通过全民公投来废除固定价格法。这也不无可能，或许未来某一天欧洲法院就会废除这项法案。在国外处方药这个问题上也是同样的道理，因为欧盟其他国家认为固定价格法案对其不利。

国家作为秩序的维护者应当保证贸易的公平，并在必要的时候对政策做出特别调整。比如涉及医疗保障或保护文化产品问题时。除此以外，国家则应该退居幕后。那种必须要有服装实体店或者电视实体商店的规定，实在难以令人信服。

V

当新商业模式打破旧市场秩序

一

若想与线上购物这个大趋势相抗衡，各地的商铺大多只能自力更生了。即使线上商城的市场份额在未来会持续上升，实体店的未来也并非一片渺茫，因为它还有自己的优势，但有些遗留问题仍需处理。虽然实体店的没落和线上购物的蓬勃发展有着不可分割的关联，但互联网的挑战并不是实体店走向衰败的唯一导火索。过去数十年间出现了太多购物商城，抛开市中心的不谈，城市周边也涌现出了太多的购物中心。现如今，各零售商家的营业额明显低于 21 世纪初的记录。或许有针对性地减少购物中心的数量，也是未来几年的任务之一。

实体店的另一问题是越来越多的连锁店。步行街上悉心经营的精品店越来越少，看到的多是千篇一律的连锁商店。这些连锁店大都缺乏特色，且商品雷同。不仅如此，人们与店铺商家的交谈也越来越少了。

所以，实体店应该重新为自己定位。要让客人明白，即便实体店比网购价格更高，但实体店的选择更多、服务更佳、购物体验也更舒适。乡镇尤其得注意这一点，因为居民要在当地实体店购物才会向当地政府缴纳增值税。同样，城市也有损失税收的威胁，因为电商缴税地不是买家所在地，而是其公司所在地。

如何重新激发步行街的活力？答案其实有很多。比如举办文化节、与当地的旅游项目结合的文化活动，剧院、音乐厅等文化基础设施的建设也能吸引人们，与此同时还会刺激人们购物，促进社交，让市中心重现往日活力。餐饮业和酒店行业也能从中获益的同时，城市税收也能由此得以提高。

有一些地方也可以尝试缩小购物中心的规模来重新使实体店复苏。跟着结构转型一起改变总比坐以待毙更好。

基础设施建设与数字化的成功

数字化的发展在短时间内让许多产业开始发生全面的结构转型。旧模式濒临崩溃，曾经的产业龙头走向瓦解，而新兴的数字化产品正如星星之火。这种趋势不可逆转，尤其是在科技革命带来无限机遇之时，逆势而行并不值得。

不过国家仍要做转型中的风向标。如果国家能够成功地在改革的关键节点做好防范措施，以保证数字化进程在国民经济发展中发挥积极作用，那么这便意味着数字化时代下的大众福利。

全球经济发展也正经历着数字化革命的大洗牌。德国企业是否能在国际竞争中维持其领先地位，"德国制造"是否还是高质量的代表，都取决于这些企业能否成为这次变革中的先锋。

企业的成败取决于企业能否找到关键要素并成功转型。除了高质量的专业人才之外，企业还需要完备的基础设施。如果说工业革命时期的核心在于公路、铁路和航运，那么数字化时代的核心便是高速的数据网络。建设宽带网络一直是近年来经济的核心议题，就像曼海姆欧洲经济研究院定期向德国联邦政府提交的《数字经济监测报告》中写的那样。

可惜德国目前的网络建设在世界范围内算不上领先。根据阿卡迈公司发布的数据，德国的平均网速在欧洲范围内只能排到中等水平，世界排名第 25。尽管各机构提供的数据略有出入，但最后得出的结论基本一致。

虽然目前全德国范围内已经铺设了基础网络设施，每户家庭目前的上网速度至少可以达到每秒 6MB，也就是说每秒钟有 600 万个 "0" 或者 "1" 被调取出来。但如果想在线加载音乐或者视频，网络速度还有待提升。在德国工业密集的地区，有四分之三的家庭带宽需求达到每秒 50MB，但德国前联邦交通与数字基础设施建设部部长亚历山大·多布林特（Alexander Dobrindt）曾在 2018 年就保证过要让全德国境内的网络带宽都达到这个速度。

为了促进乡村地区的网络建设，这位前部长承诺了数十亿欧元的资金支持，可惜地方政府对此反响不够热烈。主要原因是各政府机构在加强宽带建设问题上职责分配不够明确，政策不够完善。地方政府和联邦政府的各个部门都想插足，从而导致无规章制度可循。

项目执行周期这个问题目前也同样无解。如果人们想要长期拥有高速的网络，那么每家每户则需要安装光纤，就是说数据会通过光纤而非电缆进行传输；但如果人们只是想中期达到提速的目标，那么在现有设施的基础之上加强线路，而家里面依旧保留固定电话和有线电视的铜线就够了。前者成本高昂，但发展前景可观；后者价格更加实惠，但改造后的线路也只能维持接下来几年的使用。目前，这两种方案皆在实施之中。

2018年初，德国执政党在其颁布的《联合执政协议》中明确保证要在2025年前完成德国的千兆光纤网络建设，不过鉴于2018年50兆光纤网络计划已经落空，执政党能否在2025年前实现目标还有待观察。

如果此政策能够成功施行，那么就更要明确建设宽带网络的制度和规则，同时也要让它更加市场化。就像其他领域一样，网络宽带的建设也应该由私人企业来完成，而无须额外资金支持。只有在那些无法承担网络建设费用的地区，国家才应该施以援手。

这样私人企业会更愿意投入上百万甚至数十亿的资金到网络建设中去，同时也要为这项投资规划好合理的时间。国家可能也需要在和这些企业签订的框架协议中做出一定让步：比如，企业可以通过合作的方式分摊建设宽带网络的费用；一家大企业可以承包整个网络建设项目，然后将电缆租给那些其他最后为终端顾客安装连接的公司；抑或可以适当放宽现行的价格政策。这样一来，某些地区可以通过适当抬高宽带安装费用抵消高额的网络建设开支。

德国的网络建设如此迟缓，不仅因为缺乏供应商，同时还因为对高速网络的需求不足。因为有些地方即便有高速网络，也不是每个人都需要它。许多公司虽然没有高速网络业务，但它们依旧运营良好，所以这些公司也没有发展高速网络的需求。

因此，网络供应商也不用为提升业务而建设高速网络。但数字化越向前发展，我们的经济便越需要高速网络的支持。"如果没有今天的高速网络，可能就见不到明天的太阳。"

对此国家不仅仅要鼓励建设宽带网络，特别是在那些无法独立建设高速网络的地方，同时还要刺激内需。比如政策上为乡镇的小企业使用高速网络提供更多补贴等。

在数字化进程中，德国不仅在网络基础设施建设方面落后于其他国家，数字化政府领域的发展也同样停滞不前。如果国家想要本国企业在数字化进程中有所作为的话，政府应该做出更好的表率，比如在如何适应新机遇、新挑战方面。可惜到目前为止，德国政府还没有进入互联网时代。如果你也有以下经历，想必你就不会否认这种说法了：你要提前在网上下载所需表格，填写完毕后交给户籍管理处的工作人员，然后你看着他们把这些填好的信息再次录入网络系统。

以一个消费者的身份在德国几乎可以通过网络完成任何事情。但是以德国公民的身份呢？不行。你有没有一上午坐在户籍管理处或者消费者中心的体验？"度过一上午"还是委婉的说法，这还仅仅因为你想延长一下身份证或者护照的期限。你是否想过，为什么我们不能直接在网上提交申请呢？为什么要一直通过邮寄的方式申请父母金呢？而又是为什么在办理医疗保险时需要儿童的出生证明，而保险公司为什么不能直接从有关部门得到出生证明呢？对呀，到底为什么呢？如果你每天都和互联网打交道的话，一定会对此感到非常费解。

到了 21 世纪第二个 10 年的尾声，上述所有繁文缛节早就可以通过互联网得到改变。可惜德国不是数字化政府的领跑者。没有健全的司法保障，各政府部门间的信息目前还不能相互传递，有些部门太过保守，因此德国的政府机关在便民生活方面能做的太少了。当然，也有一些户籍管理部门会在网上提示等待时间，但这个功能很早以前就有了。许多本可以加快国家机关数字化进程的政治提议都搁浅了，德国繁复的行政体系便是原因之一，因为不同的任务会被分配到不同级别的部门，或许唯有一次联邦制度改革才能推动政府的数字化进程。

不过只要只涉及公民的私人事务，这种落后所带来的经济损失也是在可控范围内的，前提是不考虑所有行政人员亲自收集数据并维护档案和数据库所带来的不必要的开销。

但数字化政府进程发展缓慢还是会影响到经济的发展。在德国，若想成立一家新公司并登记注册，少不了要与政府机关、工商部门以及其他机构打交道。就像世界银行发布的《营商环境报告》所写的那样，在德国办理完全部手续需要一周半，而在新西兰，线上办理手续仅耗时半天，要知道德国和新西兰同样都是工业化国家。

在不动产和房屋交易方面同样如此。在新西兰一般仅需要 1 天的时间处理，手续费大概是不动产的千分之一。而在德国，根据世界银行给出的数据，人们平均要耗费 52 天，手续费高达 7%。其中有 1% 是支付给德国公证处公证人的。公证人主要负责在标准合同上填写重要信息并报送至有关部门。

而我们也正是在这里浪费了发展经济的机会。艾哈德的观念告诉我们，数字化进程可以释放出创造财富的力量，但释放这股力量仍然需要国家助力。很明显，国家目前还没有什么举措。因此我们应该制定新的秩序政策，而且越快越好。

截至目前已经有不少成熟可行的建议了。比如其中一个来自标准控制委员会（Normenkontrollrat），虽然这个委员会的名字听起来有些官僚，但其针对如何保证行政机构在 21 世纪稳健运转所提出的建议是不错的。委员会提议对德国现有的登记注册程序进行全面的现代化改革。截至目前，户籍人口管理档案、土地登记簿以及公司登记簿等官方名册都还分散于不同的部门之中。委员会认为可以将指定的登记簿中的信息整合并建立一个中央数据库。但这自然而然地需要联邦层面、州府层面、乡镇层面以及其他政府部门间（比如代表处）更加紧密的合作。同时，各机构要在完善的法律框架下进行信息交换，首先要遵守的便是更严格的数据保护标准。

德国人对数据安全的担忧也是政府部门间实现信息交换数字化的挑战之一。诚然，有警惕性是一件好事，但是这种警惕性目前在德国却有一种将要演变成反对现代化的趋势。出于恐惧，人们选择放弃了数字化可能带来的好处，而不是致力于保护数据安全。其他国家的实例告诉我们，只要政府愿意将其数据库政策透明化，数据安全就能够得到保障。

而全面的现代化改革以及政府的数据整合对于经济学家以

及其他科学家来说也是一个福音，因为他们终于有了更好的数据库来用于研究了。目前，许多科研领域的研究问题主要基于来自北欧以及美国的数据，却没有德国的，这种弊端便是我们无法准确衡量国家政策是否达到预期目标。在德国，人们一直提倡通过科学方法来检验立法的实施情况，但如果没有必要的数据，再好的研究员也是走在茫茫迷雾之中。

据标准控制委员会估算，德国的政府机构若进行全面的数字化改革，大约需要花费 25 亿欧元。虽然这是笔不小的数目，但这场改革能够带来的长远利益更为可观。

目前来看数字化对医疗行业影响较小，因为国家对此并不支持。但其实在医疗领域投入更多高科技产品也会带来更多好处。首先可以降低医疗成本，其次医疗保障水平也会得到提升，专业医护人员的稀缺情况也可以得到缓解。几年来，医疗诊断之所以有如此显著的提升，是因为通过计算机算法可以从庞大的数据中心得出精准的诊断结果，这也正是病人们所需要的。但在医疗基础设施建设方面德国做的还不够多，而这大多是政府决定的。

其他国家和地区在这一领域早已走在了前面。在北欧、荷兰、英国，人们早就开始使用电子处方了。从 2017 年起，德国的医疗保险也终于开始负担线上就诊服务费用，但病人与医生在此前至少要有过一次面对面的交流。而在英国或瑞士，这种服务早在数年前就提供了。

当公民的健康信息可以以数字化的形式储存并分享的时候，

有人会说，这剥夺了我们的行为能力。其实恰恰相反，或者说，可能情况是相反的。设想每一个病人都有一个病历，上面记录了所有有关病人身体情况的重要信息，但是哪些信息交至哪个医生或者哪家医院，决定权在病人。此外，有了这种电子病历，病人就可以更加直观地看到哪位医生对他们做出了什么样的诊断。电子病历不是剥夺病人行为能力的工具，而是提升病人自主权的重要一环。

因为现在的医生大都会记录病人在他们那里的就诊情况，但没有人记录病人的全面健康状况。这样做的潜在风险是，原本重要的信息可能会被忽视从而导致误诊。

在医疗行业的数字化转型过程中，医疗保险会起到至关重要的作用。数字化产品可以为人们提供更方便快捷的医疗服务，同时一些手机软件还可以提醒人们要保持健康。数字化可以在此大大降低医疗保险行业对客户的看护成本，这是十分必要的。因为人口结构转型，为保证老年人得到更好的照料，支出势必会上涨。

其实纯数字化的商业模式也会给市场发展带来活力。因为这样可以有效促进竞争，有了竞争压力，人们就会致力于改善产品、降低成本等。比如在德国公共医疗保险中（德国每 10 个人中就有 9 个上了此保险）的价格竞争便很有成效。人们选择保险的首要条件是哪家的保险费更低，其他因素比如医疗质量等则排在价格因素之后。

其实这也是因为立法者规定保险公司要提供几乎一致的

服务，因此保险公司能够通过提供额外服务吸引更多客户的可能性很小。不过如果可以给保险公司更多空间，将更有利于促进市场竞争。由此，选择性合同这项倡议也能得到更好的推广，选择性合同是指保险公司和某些医疗机构直接签订合同。

但商业保险领域的竞争却是有限的，比如公务员、企业家或者收入较高人群购买的保险。尽管商业保险领域都是非公立性质的私营经济，但21世纪以来却再没有新的供应商尝试踏入这个市场。直到2017年，这个市场上才出现了一个新秀——Ottonova。这也并非偶然，因为Ottonova是一家纯数字化的私人保险公司。它没有任何实体分店，所有的操作都可以在手机上完成。

Ottonova的案例表明，数字化创业公司在保险行业同样有发展空间。沿用金融科技这个定义，我们现在称它为"保险科技"。一些公司是做保险产品的中介服务，还有一些公司是直接为顾客提供相互保险或者量身定制的保险服务。这个行业的潜力是巨大的，特别是数据的井喷式增长能够让保险公司更好地进行风险评估，从而制定更好的保险产品。当然数据保护的要求也会变高。

但因为商业保险行业内存在损害竞争运行的规则，市场中出现的新竞争对手会遇到不小的麻烦。特别是在争取那些刚刚换成商业保险的年轻的投保人而非早就投保了很多年的老客户时，问题出在老年准备金上。因为向年轻投保人支付的保金通

V

当新商业模式打破旧市场秩序

179

常较少，随着年龄的上升，身体健康程度下降，保险公司支付的保金越高，因此保费也会越来越高。为避免年轻投保人投保金额极低、而年长的客户投保金额极高的状况，保险公司会将年轻投保人保额的一部分作为老年准备金，以抵消未来老年高企的保额。

而保险公司在顾客选择退保时只会退还一部分准备金，所以通常来说换保险公司是不划算的。因为如果老年准备金无法带到新的保险公司的话，那么在新的保险公司投保时的保费就会很高。这样一来，投保人就逃不出原先的保险公司的"魔掌"了。

如果想要促进商业保险行业的竞争，鼓励保险科技公司进入市场甚至鼓励它们"挖墙脚"的话，立法者要有相应举措。但这场改革并不容易。如果法律要求保险公司退还大部分的老年准备金，健康的人就会直接选择换保险，这些人对保险公司来说是最佳客户。因为商业保险公司可以根据客户的健康状况设立不同的投保金额，保险公司会为健康的人提供价格十分低廉的产品，而生病的人则会被高额的保金吓跑。

从秩序政策角度出发，健康的投保人都集中在某个保险公司是不对的。这一问题的解决办法是，想要更换保险的客户需要在退保时交付一定准备金，客户最后拿到手的准备金金额按如下方式计算：保险公司首先对退保人现在的健康状况进行评估，并以此为基础计算未来可能会为这名客户支付多少保金。

退保人以此保金为准计算可能获得的准备金。健康的退保人拿到的准备金更少，生病的退保人拿到的则更多。对于保险公司来说，这一方法可以降低其他保险公司的诱惑，稳定住一批健康的客户。与此同时，竞争和一些生病的固定客户也会随之而来。此前就有人提出过此类建议，近几年来相关建议又几经完善。可见数字化与数字经济在医疗领域的发展前景值得期待。

结　论

本章主要介绍了数字化发展给经济中部分行业带来的变革。数字化创新通常会释放出一种很积极的力量：产品物美价廉且便利。互联网的发展带动了许多新兴市场的出现，这些市场以前在都是只存在于理论中，很少能够成为现实。因为以前这些产品的应用体验还不够好，比如共享经济。共享经济使人们能够便捷地计费分享东西，这是此前从未有过的。

但数字化的发展同样也伴随着风险，特别是市场新秀想要以不正当竞争手段进入市场的时候。这种情况下，数字化释放便不再是积极力量了，它会开始损害人民的福利而不是促进其增长。为了避免这一现象，国家应该坚持秩序政策的基本原则，保证市场远离这些威胁。同时还要建立完善的监管制度以促进福利增长；此外还要遏制那些损害人民福祉的力量。变革才刚刚开始，这是我们检验旧制度、创立新规则的最好契机。

对许多传统行业来说，此次变革是痛苦的，因为它们的市场份额在数字化的竞争下越来越小。这一趋势或许能够得到缓解，但却不可逆转。因此，更重要的是跟着结构转型一起转变。企业需要的是创新的想法，国家则需要制定适应结构变化的政策。只有如此，那些旧的商业模式才能尽快恢复活力。

VI 互联网时代如何保证大众福利

假如艾哈德遇到扎克伯格

如果路德维希·艾哈德看到今天的经济发展，他会说些什么？如果德意志联邦共和国第一任经济部长和"经济奇迹之父"遇见了我们这个时代最有影响力的商业领袖之一，比如脸书的老板马克·扎克伯格，他会说什么？这位老先生在会面中可能会非常惊讶，坐在对面的这位年轻人穿着一件在 20 世纪 50 年代只是内衣的 T 恤衫，这显然难以接受。艾哈德会对很多事物感到陌生。例如，扎克伯格口袋里奇怪的小屏幕，他不仅可以用它打电话，还可以做笔记、管理日程、发送信息、检索信息、组织和委派工作。而在艾哈德时代，一个领导者得雇人来完成这些事。

但如果他们能交谈一会儿，艾哈德很可能会发现，今天经济的基础相比他那时没有改变。市场经济仍然存在，商品交换和经济组织是市场力量自由博弈的结果。凭借一个好主意，你可以迅速创立一个欣欣向荣的企业。过去和今天一样，没有人能集中决定商品的产量和价格。国家会尽量避免直接组织经济，但在当年还是有一些严格的规定。扎克伯格或许会感觉这些规则太过苛刻，但艾哈德对此习以为常。"这就是企业经济学不同于国民经济学的地方"，他可能会说，"在国民经济学里，我们必须确保没有一个人能统领一切"。此外，路德维希·艾哈德可能会对今天美国经济所呈现出来的样子感到非常惊讶。今天，数据、内容、服务都是可交易的，而在 20 世纪 50 年代，交易的商品都是像冰箱、电视、汽车之类可以摸到的事物。今天，除了市场生活不可或缺的电子产品外，交易的商品大多不是可以触摸的东西，因此它们不是真正意义上的产品。一辆私家车，一栋带花园的房子，一块漂亮的手表，一套好的西装，这些昂贵的东西已经不是人们工作的主要动力。也几乎没有人像以前那样周六还在工作、每周工作 48 小时。说到业余时间，过去可没人有这个概念。

但无论如何，艾哈德应该对现状还算满意。毕竟每个人首先都是为自己而工作。这很好，因为这对社会而言也是最好的。

也许艾哈德和他的政策部门领导阿尔弗雷德·穆勒-阿尔马克会问，这种奇怪的现代数字经济如何与传统经济理论相适应。现代经济中的市场仍然是有交易发生的市场，但却非同寻常。互联网市场情况尤其不同。产品的产量和价格似乎扮演着完全不同的角色。许多产品只需要生产一次，然后无限供顾客使用，而无须大量额外的生产成本。对于生产者来说，初始投入的固定成本很高，但之后可能会迅速带来大量收入。对艾哈德时代的生产者来说，要像今天这样扩大产量并降低平均成本，可是一个不小的挑战啊！

那时的商业模式相对简单。生产者从购买产品的顾客那里收钱，他们商定价格，然后把产品从一个人手中转到另一个人手中。而今天的商业模式是，生产者把产品免费提供给顾客，然后从广告主那里赚钱。这样一来，广告的效果也是最好的，因为生产者对顾客的偏好了解得更多了。顾客能完全公开地谈论一切，这在过去是不太可能的。

艾哈德和穆勒-阿尔马克两位经济学家可能也会对市场的不透明性感到惊讶，过去尚年轻的联邦德国的市场更加透明。众所周知，那时，钢铁是由蒂森克虏伯和霍奇制造的，汽车是由大众、戴姆勒、欧宝制造的，化学产业由巴斯夫、拜耳和霍奇斯特掌握。每个市场通常最多有六家大公司，辅以许多中小型企业，企业之间存在市场竞争。当时很多产业都掌握在国家手中。例如，打电话就得支付高昂的费用，使用德国联邦邮政的电话，并且受到联邦邮政部长的严密监控，电话亭里还贴着引人注目的标语："通话请简短！"铁路也由国家运营。此外，每个地区强大的城市工厂为公民提供日常生活所需的一切。

如今，市场更难把握，市场边界更加模糊。究竟谁和谁是市场上的竞争者？脸书是社交软件，但同时它已经是半个电话公司了；亚马逊是一家网购集团，但同时也在制作电影，所以和电影院以及电视频道也构成竞争关系；而苹果公司的产品从一定程度上来说就是电视。

另外，今天一切看似都是国际化的，其实不然，税收、关税、监管以及与国家事务相关的方面都保持了国家性。但是企业的活动范围已经扩展到了整个西方世界，甚至更远的地方。

如何组织竞争，这一问题对艾哈德和穆勒-阿尔马克来说尤为重要。这一带来繁荣和限制权力的核心市场机制，确保了不是一人独大而其他人一无所有。这两位经济学家可能会得出结论：今天的竞争并不像以前那么激烈，也没有达到应有的水平。

当然，人们也不能认为过去各地的经济竞争都非常激烈。事实上，许多日常生活领域完全没有竞争，因为它们是由国家组织的。在大型工业部门很少有垄断企业。然而，在所谓的"股份公司"中，许多大型集团通过相互参与事务和人员重叠而紧密相连。这常常形成一种互不侵犯协议。

然而今天，只有少数市场是由国家控制的。与此同时，许多市场特别是新型互联网产品的市场，在经过几年的激烈竞争后已经扩大，行业领头羊就像垄断者，利润率高于平均水平，拥有巨大的市场势力。

当然，如果艾哈德和扎克伯格对质，扎克伯格会做出不同的解释。他可能会指出，没有人能确保像脸书这样的产品具有永久的吸引力，正如他在 2018 年春季剑桥分析公司数据丑闻后接受欧盟议会质询时所说的那样。互联网公司总是会随着商业模式的发展而迅速衰落，没有人会被迫成为顾客。也许他们两个会为此争论一番。或许这次对话会使艾哈德坚信，无论是以前还是现在的市场都需要受到监管，以便市场中的所有参与者都能从中获益，而不是发展成为破坏性的力量。

或许时间旅行者会注意到一些传统市场正在发生的变化。当然，艾哈德也深谙市场变革之道。1957 年《大众福利》出版，不久之后，鲁尔区便遭遇了"煤炭危机"，整个城市群都在寻求发展机会。此外，艾哈德的故乡巴伐利亚州仍然是一个典型的以农业为主的州，从国家财政中获得相当于今天数十亿美元的补贴，后来才得以成为经济中心。在零售业，食品商店开始兴起自助服务，结束了人们需要去不同商店买牛奶、肉和蔬菜的时代，同时，也省去了人们排队等候的时间。

在商业领域，排挤斗争一直都存在，阿尔布雷特家族所经营的奥乐齐超市逐渐使数百家小杂货店倒闭。今天也会发生同样的事情，而且往往要快得多。在没有技术奇迹的时候，市场也会受到剧烈冲击。这一点可以通过某饮料供应商的空瓶子物流的例子来说明，这家公司可以在收到订单后两小时内为科隆和明斯特的人们提供包装和瓶子，有充足的资金供应、可靠的物流和为客户提供大量服务的良好理念就足够了。它送货快，所有物品都直接送到公寓，并取走空瓶。该公司自己的数据显示，仅仅半年后，该公司每天就有 1000 名科隆的顾客。因此，几十家小酒馆很快就倒闭了。

马克·扎克伯格也将面对一些报纸出版商和电视传媒企业家，他的脸书夺走了他们的广告赞助商。同样，杰夫·贝索斯和他的亚马逊集团的成功也是建立在全球成千上万家小商店的消亡之上的，当然这并非唯一的结果，线上交易也带来了额外的经济效益。

商业模式获得成功，实现繁荣，之后再次衰落，这是无法改变的规律，路德维希·艾哈德深谙这一规律。当时，联邦德国的经济部长及其继任者试图实现弹性发展和推动鲁尔区的变革，不再依靠煤炭这一夕阳产业。就连艾哈德也把这看作一项国家任务。如今，纵观煤炭产业变革的全过程，可以说，除了大学园区的同步扩张，以上政策并没有真正起到很好的作用。很多时候，由于衰落的速度太快，人们反而希望能以某种方式继续发展旧的采矿工业，并希望它能维持得更久。

研究变革过程的历史案例至少有助于未来变革的顺利进行，这也将是未来几年和几十年经济政策的中心任务。因为数字革命加速了变革的步伐。

我们该何去何从

20 世纪 50 年代的人们会怎么看待我们今天的经济？这是个问题。而另一个问题是接下来会怎样。在接下来的 10 年或 20 年以及之后会发生什么？我们不敢做太详细的预测，毕竟 20 年前没有人能够预测今天的情况。

数字化将取得进展，这一点应该很清楚。计算机和其他智能机器将承担更多的任务，在日常生活和工作中为人们提供更多的帮助。工业将继续网络化，并生产更加个性化的产品。数据的生成和对数据的分析将发挥更大的作用。书面形式的信件和表格将大大减少，媒体将更多地基于互联网开展传播。联系有关部门、预订旅行、在陌生的地方导航、完成各种形式的文书工作、收集信息、在家里完成工作都将更加便捷。我们相信，目前很大一部分担忧不会成为现实。在经济的世界里，机器不会使人变得多余。这不是一个与机器竞争的问题，而是一个使用机器并与之良好合作的问题。人工智能和其他技术一样，如果它不做人们期望它做的事情，或者如果它被滥用，就会变得危险。但它不会夺取我们对生活的领导权。

然而对许多人来说，我们在这本书中所描述的内容，必须首先表明发展的方向。这很大程度上取决于未来几年会有什么变化，取决于时代精神会如何发展，即人们的喜好会发生什么改变。

例如，作为决定商业模式成败的消费者购买行为将会受到什么影响？如果购物的体验感和消遣时间的愉悦感再次变得重要，将延缓商业街的衰落。当对个性和质量的渴望变得更为重要时，情况也是一样，因为人们更愿意谨慎地购买高质量的产品，而不是便宜的标准商品。

然而，如果实用性和便利性继续得到重视，线上交易将持续增长，特别是很多企业极其努力地实现这一目标，越来越多的企业提供当天送货上门服务。谈到利用供货需求而受益，就不得不提到亚马逊。亚马逊的战略是持续增长并开拓新的领域，而不是赚取可观的利润，该集团正是借此谋取利益，销售额更是以每年 20% 的速度增长。但商业市场巨大，仍有许多领域没有被杰夫·贝索斯征服。

此外，弄清未来的消费者对新鲜事物和不同寻常的事物有多期待也很重要。人们可以在脸书上享受时光，苹果公司的产品又酷又时髦，这些在目前都是事实。但如果互联网用户变得更加反复无常，如果他们在未来更迅速地以漠不关心的态度抛弃那些曾经深爱的品牌，那么这些公司将陷入困境。他们总是习惯于重塑自己，但这也可能会出错。总的来说，互联网时尚的变化似乎比其他地方来得更快。曾几何时很多用户热衷于在自己的博客上写作，但不少人早就不再这样做了，Pokemon Go 或 Quizduell 等网络游戏在短时间内受到追捧，但随后也很快就销声匿迹了。

在即将到来的数字时代，所有人都能享受繁荣的愿景吗？是的。这样一种包容的活力，使进步的成果成为现实，同时又将这一成果分享给尽可能多的人，但是这种前景不可能自动实现。重要的是，今天要做出正确的决定，制定正确的指导方针，以便市场明天能朝着正确的方向发展。

经济中的许多领域都有可能出现向错误方向发展的风险，导致进展受阻，或者只有少数人可以受益。路德维希·艾哈德几十年前制定的战略依然有所帮助，即使细节不合时宜，但也只需为适应新的时代而稍做修改。

核心问题是公司之间的竞争能否得到保护。最佳创意和产品的竞争是防止个人获得过多权力的最佳途径。但这正是我们这个时代的一个巨大危机。数字化的特点是促进垄断的市场机制，因为在这里，一个小小的领先优势就足以主宰一切。

因此，立法者必须确保人人享有质疑经济当局权力的权利。我们必须防止强者不公平地利用他们的优势来进一步扩大其优势。

这就需要反卡特尔政策的管制。必须停止各种不去优化自己产品而是去损害竞争对手的活动。此时，竞争守护者的经典手段便可派上用场：对那些滥用优势的人启动反垄断程序，并且严格审查收购兼并项目。但在这一方面，当局必须比以往更多地考虑到数字经济的特殊机制。此外，立法者在常规方法不足以阻止市场势力延续的情况下，必须牢记一些措施，如预先规范市场，而不是在事后才加以纠正。

在税收领域，旧的规则也常常不再适应新的情况。数字化变革使公司能够打入几乎任何国家的市场，空间变得不那么重要。同时，新经济中的部分资产和生产资料，即数据和算法都不具有物质性，它们的价值和价格不详，而且可以存放在任何地方，这样就可以很容易地在纸面上来回转移。这使得一切都很难从税收的角度来把控，从而很容易逃避政府的干预。

未来，如果财政越来越多地依赖从那些无法逃避税收的人

Ⅵ

互联网时代如何保证大众福利

193

手中获取收入，那么负担就会越来越不平衡。因此，需要新的理念来确保数字经济的贡献，无论企业的收入在何处实现。

数字化也使工作岗位发生巨大变化。不是因为人类不再需要劳动，我们相信不会有大规模的失业。失去的工作岗位可能在更大程度上会被新的工作取代，但也可能会加剧两极分化。那些具备数字化过程中所需能力的人因稀缺而成为赢家，而那些没有相应资格的人的福利将受到威胁。原则上，未来的劳动力市场应该更加个体化，让人们更多地依靠自己，更多地接触市场机制。

但变革不仅仅只是简单地发生，它还可以被塑造。因此，重要的是让人们能够参与数字化进程，这就需要在教育和培训领域做出更大努力。这种努力越成功，经济巨变的后果就越不严重，财富分配也就越平衡。同时，人们必须依靠国家体系来管控上面提到的数字经济下的避税行为。

数字化导致了不平衡的经济动荡，这就是为什么经济秩序也需要改变。我们在这本书中提出了一系列想法，即现在经济发展所需要的革新，不仅是秩序政策，也涉及许多领域的改革。基本思想早已众所周知，但实现仍需要许多新的手段，可能是小的举措，也可能需要全面的措施。

如果这种革新能够成功，一个适应未来的全新的经济模式就会出现。这一模式也将使大众重新享有可靠的繁荣，就像联邦德国曾经的社会市场经济那样。这样的经济转型可以创造新的信心。人们会再次相信，如果努力就会成功，面对一时的问题也不会气馁。此外，这一成功也会缓解近年来困扰着许多人的不安全感，以及由这种不安全感产生的对全球化和数字化是否有利的怀疑。挑战虽然巨大，但并非不可实现。

我们相信，技术变革带来的机遇是巨大的。它可以使人们的生活更便捷、更愉快，甚至让人更长寿，还可以增强经济发展动力。这些新的可能性并未完全成为现实，很多潜力甚至不为人知。

但只要我们现在选择正确的路线，路德维希·艾哈德几十年前在《大众福利》中阐述的美好愿景也可以在数字化时代成为现实。

致 谢

如果没有多方的鼎力帮助，就不会有这本书。在此，我们特别感谢德国联邦卡特尔局的工作人员，他们近几年在几份报告中，着重分析了数字化变革对市场的影响以及由此产生的竞争政策问题。这些报告是本书的主要基础。也特别感谢联邦卡特尔局常务董事朱利安·肖尔（Juliane Scholl）博士和秘书长克劳斯·霍尔索夫·弗兰克（Klaus Holthoff-Frank），感谢他们提供的所有宝贵资料。还要感谢参与听证会的所有公司和协会，他们提供了相关市场因数字化发生变化的资料。

我们还要感谢曼海姆欧洲经济研究院（ZEW）的工作人员。他们在数字化变革对整体经济的影响这一议题上，尤其是在对劳动力市场的影响方面，就当代的技术发展如何改变我们的生活提出了重要见解。凭借研究热情以及丰富的想法，这些研究人员有许多令人振奋的发现，这些发现使我们能够串连出数字化变革的整体画面。这里尤其要感谢的是数字经济、人力资源管理和社会保障研究的负责人艾琳·贝尔策克（Irene Bertschek）教授。法比安·拉塞尔（Fabienne Rasel）博士阅读了本书的某些部分，并提出了有益的建议。

我们在研究过程中还阅读和参考了其他研究人员的报告，他们来自德国和世界各地，此处限于篇幅我们无法一一感谢。还有来自柏林市政府、欧盟总部的工作人员，以及《杜塞尔多夫商报》的编辑，他们也提供了许多好的新想法。

最后，特别感谢坎普斯出版社的编辑沃尔特劳德·伯兹（Waltraud Berz）。当然还有我们的家人，过去的几个月中，他们包容了我们许多个加班写作、与笔记本电脑相伴的夜晚。还要提到的是布鲁尔和柏林的许多咖啡馆，我们正是在这些地方对本书进行构思和写作的。

答案已写在过去：从韦伯到艾哈德

马克斯·韦伯与西方资本主义伦理的基石

西方经济学起源，一般认为是英国人亚当·斯密。亚当·斯密的《国富论》，被视为西方现代经济学奠基石。

不过，为山九仞，奠基石当然不会只有一块。比如就还有德国人马克斯·韦伯的《新教伦理与资本主义精神》。这本书今天读来可能并不震撼，因为好像讲的都是常识，其实，是这本书成了我们的常识。

因为，本来，按基督教教义，金钱即罪恶，资本，那就是万恶之源，根本是基督教的天敌。基督教认为基督（救世主）已经降生，该救世主即耶稣。现在耶稣已经升天，所以末世将会降临，上帝（耶稣基督之父）会在末世审判中让"义人"（好人）上天堂，"弃人"（坏人）下地狱。而过量积聚金钱，本身即罪过，差不多自动成为"弃人"。

《马太福音》第 6 章第 19 节说："不要为自己积攒财宝在

地上"，这是非常严格的要求。所以那时的虔诚基督徒都不努力工作，更不经商，祷告名言就是"请今天赐予我们今日份面包"，意即赚够每天吃的面包就好，不要追求更多的金钱，因为明天可能末世审判就来临，那些金钱反会在末日审判时让你变成"弃人"，你就下地狱了。

到了17世纪宗教改革，加尔文再加一磅。1647年的《威敏信纲》（Westminster Confession）第3章第3条明言："按照上帝的预旨，为了彰显他的荣耀，上帝预定有些人和天使得永生，而其余的人或天使则受永死。"

此即基督教加尔文宗基础教义"预定论"。加尔文宗也属反天主教的新教，其预定论源自中世纪基督教神学大师圣·奥古斯丁，但变成显赫理论是在加尔文手上。其基本思想是：不是上帝为了人而存在，而是人为了上帝而存在。上帝用人无法理解的预旨，在永世中已经预定所有人的命运，且该预旨不可更改，已获上帝恩典的人永不会失去这一恩典，而预定无法获得恩典的人，则无论如何努力，也无法获得恩典。基督教与金钱的死结即来源于此：既然上帝的恩典是"预定"的，那我们努力追求金钱，收获的就只能是罪恶。

所以，基督教天生反扩大生产，更不用说经商。可资本主义的基本精神就是无限追逐最大的利润。马克思在《资本论》第1卷中说："资本来到世间，从头到脚，每个毛孔都滴着血和肮脏的东西。"这是生动而真切的写照，至今有效。

既然历史上基督教和资本主义如此难以调和，那为什么现在绝大多数世界强国都信奉基督教的新教呢？

其原因，正是韦伯的《新教伦理与资本主义精神》的主题，它完成了融合基督教和资本主义这个看上去不可完成的任务。韦伯在这本书中要说的是，追逐利润实际上是上帝安排给预定的"义人"的任务，世人追逐金钱并将其捐给教堂，属于"理性获利"，不仅不违反基督教义，而且正是他们是"义人"的证明。基督教和金钱，就这样奇特而理直气壮地合二为一，其奇特程度，就像耶稣被罗马帝国士兵钉死在十字架上，可300年后基督教却成为罗马帝国国教，并由此走上它世界宗教的光辉大道。通俗点儿说，在这本书之前，商人排在进天堂队伍的最后，而在这本书之后，商人排在最前。

所以，其实也可以称德国人韦伯为"美国精神之父"。

艾哈德与德国乃至欧盟的经济制度基石

不过，谈到资本主义理论大师，韦伯之外，其实还有一个德国人。

路德维希·威廉·艾哈德（Ludwig Wilhelm Erhard, 1897-1977），公认的"社会市场经济之父"，是联邦德国的第二任总理。诺贝尔经济学奖获得者、著名经济学家哈耶克1983年2月在波恩说："德国重建自由社会，路德维希·艾哈德立下不朽功绩，理应在全世界，尤其在德国，为大众追忆和怀念。"

韦伯是大学教授，主要搞哲学，所以他的《新教伦理与资本主义精神》偏重理论分析。艾哈德虽然也是博士，后来也成为波恩大学外聘教授，但他长期从事实际经济管理工作，二战刚结束（1945）出任巴伐利亚州经济部长，1948年升任美英占区经济管理局局长，1949年担任英美法占区合并的联邦德国首任联邦经济部部长，更多的是个实践者。艾哈德的博士生导师是德国著名社会学和经济学权威奥本海姆，而奥本海姆最著名的口号就是"没有任何东西像理论那样实际"。所以，与韦伯不一样，艾哈德对经济学的贡献，主要在于实践。

艾哈德的名著《大众福利》，主要就是他主管德国经济发展实践的结晶。艾哈德的故事精彩纷呈，此处无法赘述，只能简述他的经济管理实践。二战后世界主要经济体分为以苏联为首的国家计划经济体和以美国为首的市场经济体。市场经济中也有各种流派，其中德国社会市场经济独树一帜，在残酷的资本竞争中加入照顾社会弱势群体的"社会福利"。在这个"社会市场经济"中，联邦德国第一任总理阿登纳偏重"社会"（即社会福利），而作为联邦德国第二任总理的艾哈德偏重"市场"。

那为什么后世公认艾哈德是"社会市场经济之父"呢？

因为下面两件事。

力挽狂澜的币制改革

德国人被通货膨胀害惨了，所以对通货膨胀超级敏感。一战后资本主义第一次大萧条，恶性通货膨胀一口吞噬所有德国人世世代代千辛万苦积累的资产，艾哈德父亲开的店铺也未幸免。二战时德国陷入更疯狂的通货膨胀，让艾哈德意识到仅研究微观经济不能解决国家经济问题，那时他就开始研究通货，他的博士学位论文题目就是《价值单位的本质和内涵》。1942 年，二战还遍地烽烟，他就组建工业研究所（Institut für Industrieforschung）研究战后重建德国经济，1944 年他在论文《战争财政和债务偿还》（Kriegsfinanzierung und Schuldenkonsolidierung）中已经建议进行货币改革。

二战时第三帝国流通现金高达 700 亿帝国马克（战前的 1932 年仅为 56 亿），帝国马克犹如废纸。战败后占领区军政府发布 100 多条法令严格管制经济，冻结物价和工资，控制税收和信贷，仍然挡不住物价飞涨，黑市猖獗，囤积居奇，美国大兵的幸福牌香烟（Lucky Strike）替代帝国马克成为德国通货，德国民不聊生。当时美英法苏四大占领国单独或联合提出 300 多种货币改革方案，可见当时货币改革确实众望所归。

1948 年 4 月 1 日，艾哈德在美英法占区经济委员会宣布通过货币改革建立市场经济体系，弗赖堡学派的米克什与艾哈德共同起草《关于货币改革后管制经济和价格政策的指导法》草案，此即后来声名赫赫的"指导原则法"。经数月激烈争论，1948 年 6 月 18 日凌晨由"经济委员会"第 18 次全体会议三读并以 52 票对 37 票通过。第二天（6 月 19 日周六）晚上英美法占领区所有电台同时广播军政府货币改革通告，并先后颁布《货币法》《债券发行法》《转轨法》《固定账户法》，为货币改革提供了法律基础。

过了第二天周日父亲节，周一德国人上街后简直不敢相信自己的眼睛：商店里前天还空空如也的货架琳琅满目，就像圣诞节奇迹提前6个月到来。当时美国联邦储备委员会成员亨利·瓦利希还在美占区军政府任职，他写道："1948年6月21日商店里又有了商品，钱能买到东西了……过去大家忧愁苦闷，面露饥色，死气沉沉，终日流浪街头，觅食糊口，现在却生气勃勃。"法国经济学家罗夫（Jacques Rueff）和皮埃特（André Piettre）也写道："前一晚德国人还毫无目的地在城里乱走寻找食物，一天后他们卯足劲想去生产食物。前一晚他们满脸失望愁容，第二天整个民族都对未来充满希望，大家的疑惑烟消云散，随着货币改革的实行，德国经济决定性的重新崛起开始了。"

货币改革，一天之内让流通货币量从700亿帝国马克剧降为60亿德意志马克，流通货币量削减93.5%，是德国历史上货币削减量最大的一次货币改革。

1948年7月7日艾哈德再加一码：他当天向全国发表著名广播讲话，宣布废除数百项经济及物价管制，而这一切，事先没有得到占领区军政府的批准，艾哈德完全可能因此被军政府撤职并获罪。

艾哈德的惊人改革带来的巨大震荡同样惊人，到1948年12月，生活物价指数上涨17%，工业品价格上涨14%，原材料价格上涨21%，货币流通量增加2.4倍，达到143亿德意志马克，同时，银行信贷增至 52 亿马克。如进一步发展，有引发恶性通货膨胀的危险。这时不仅艾哈德所属的执政党基督教民主联盟反对他，人民同样反对他。1948 年 11 月德国工会举行全国大罢工，愤怒的工人上街齐声高呼艾哈德为希特勒和德国分裂之外的"第三大灾难"，要求艾哈德下台并威胁要绞死他。

但艾哈德硬着头皮一步不退，随后货币改革效果显现，市场需求急增，资金源源不断地进入工厂，工业生产迅速恢复，就业率升高，当年联邦德国国民生产总值翻了一番，第二年即超过 1938 年的最高纪录。1952 年到 1958 年德国 GDP 年均增长 7.6%，失业率由 6.4% 降至 1.7%。1955 年联邦德国工业总产值即超过英法两大二战战胜国，跃居世界第二。1951 年至 1965 年德国 GDP 年均增长率达到 6.6%，德国经济增速快、价格稳定、失业减少，最早用来提醒英国国民注意德国低劣商品的"德国制造"变成金字招牌。

此即"德国经济奇迹"！也是德国社会市场经济建立的第一步。

作为货币改革的成果，艾哈德力排众议，于 1957 年 7 月 26 日主持通过《联邦银行法》。8 月 1 日，独立于德国政府的德国中央银行——德意志联邦银行在法兰克福成立。

从此，德国货币和价格的稳定，有了不受政府行政命令影响的法律和机构保证。今天的欧洲中央银行，其模板就是德意志联邦银行。

从垄断到竞争："社会市场经济"与欧洲央行的模板

今天德国的"社会市场经济"堪称世界市场经济典范，但一般人不知道，从近代史上看，德国其实堪称具有强烈垄断传统的国家。德国真正建立统一国家是在1872年，由"铁血宰相"俾斯麦辅佐德皇威廉一世完成的，时间并不长。但是从德国统一开始，德国主流经济界、政界和法律界等都认为竞争和价格战会破坏国家经济和社会秩序，而作为垄断形式的卡特尔为国家经济带来稳定秩序，是社会一大进步。德国统一之后仅7年（1879），德国政府就正式批准卡特尔制度，1897年德国法院宣布卡特尔合法。

持平而论，卡特尔在初期的确促进了德国经济的发展和壮大，但它带来的垄断也严重损害了德国的市场竞争，最后造成通货膨胀。从1879年德国政府批准卡特尔到1925年，德国的卡特尔飞速发展到2500个，遍布德国工业界，卡特尔与辛迪加大行其道，还出现了垄断程度更高的康采恩，把通货膨胀拼命转嫁给最终消费者，最后造成物价飞涨。

从这个意义上几乎可以说，垄断的结果，就是通货膨胀。

艾哈德是"抓住老鼠就是好猫"的务实派，他之所以坚持保护竞争，不是理论推演，是从残酷的现实中认识到的。很多人不知道，"德国经济奇迹"最早被称为"艾哈德奇迹"，更多的人不知道，其实艾哈德本人始终反对"德国经济奇迹"这个说法。他说世界上并没有什么奇迹，他认为这是市场经济的成功。

就是说，是竞争的成功。

这就是市场派艾哈德与福利派阿登纳的区别，虽然他俩先后担任德国最大政党基督教民主联盟的主席，艾哈德还是阿登纳的总理接班人。艾哈德的市场经济思想集中体现在他的反垄断上，而他反垄断的目的是保护竞争。

1957 年艾哈德主持通过《反不正当竞争法》（俗称"卡特尔法"），1958 年 1 月 1 日，联邦卡特尔局成立。

货币改革时，美英法等占领国都是单纯地想通过货币改革发展生产，而艾哈德始终认为货币改革只有作为经济改革的一部分才有意义，并为此与三大占领国和所在党基督教民主联盟展开激烈斗争，就是说，他同时面临党内和党外两条战线。

最后，艾哈德战胜，德国经济奇迹成功。

艾哈德把《反不正当竞争法》与《联邦银行法》称为社会市场经济的"宪法"，德意志联邦银行和联邦卡特尔局，就是他留给"社会市场经济"的宝贵财产，至今仍然佑护德国经济的发展。

艾哈德终生崇拜的奥本海姆像马克思一样，认为人类历史是一部阶级斗争史，而解决社会问题的根本方法是铲除大地主，实行彻底的土地改革。所以艾哈德始终称自己是"自由的社会主义者"，主张在"和平、自由、博爱的共同体、合作社和人道"的框架内实行自由竞争的市场经济。他在一战后认识到经济说到底是政治："现代社会阶级组织分为两个阶层，一个是人数很少但什么都买得起的上层社会，另一个是占人口大多数但购买力不足的下层社会。社会市场经济的目标是要打破阻碍社会向前发展的阶级界限，消除穷人和富人之间的敌对情绪。而欲达这一基本目标，则必须实现三位一体的具体目标：生产率和生产量大幅提高、名义工资大幅增长、低廉而稳定的物价水平。要达到上述基本目标，必须依靠自由竞争，辅以必要时国家介入调节的市场机制，政府的责任在于运用必要手段为市场经济顺利运行创造必要条件和适宜环境。"

因此，自由派经济学家艾哈德并没有否定国家的地位和作用，他甚至宣布"国家是至高无上的法官"。他只是不赞成国家既当运动员又当裁判员，他说："国家的功能要尽可能减少，并只在必需时才提供社会保护。"

这句话充分体现了艾哈德定义的"社会市场经济"。

最后，在艾哈德这里，社会市场经济并不是目标，它只是手段。社会市场经济的目标，是"全民富裕"。就在上面那一大段话之前，他指明了政治目标："我的目标是要建立一种经济结构保证越来越多的德国人民走向繁荣。我下定决心要彻底改革保守的旧社会结构……"

所以，"全民富裕"才是艾哈德终生追求的目标。

从这个意义上说，我们称艾哈德是一个为人民服务的经济学家，完全不算溢美。

富足社会不等于福利社会

这里还要强调一下，《大众福利》这部名著的德文原文为"Wohlstand für Alle"，其中"Wohlstand"这个词意为"富裕"，并非"福利"，中文的"福利"在德文中的对应词应为"Wohlfart"。

在艾哈德的话语体系中，"富裕"和"福利"并不是同义词。

他和阿登纳的根本思想冲突也在于此：艾哈德始终坚信市场竞争，而阿登纳更偏向高福利。艾哈德反对高福利，他认为高福利将严重削弱个人创业创新的动力，导致国家经济发展减速，而在经济减速情况下如果还想维持超高福利支出，政府将不得不加印钞票，这将导致通货膨胀。进入 21 世纪之后，北欧高福利国家难以为继，北美和欧洲都陷入"每一届政府上台都明白必须削减福利，但都无法削减反而必须继续增加"的怪圈，反证艾哈德的正确。

艾哈德与阿登纳的争执，最好的例子是德国的退休金制度改革。

1957 年阿登纳提出退休金改革（世代合同，Generationsvertrag），双方爆发激烈冲突。阿登纳坚持提高养老金，而艾哈德认为这个方案难以为继，最后阿登纳作为总理强行通过这个方案，他的名言是"孩子总会有的"（Kinder kriegen die

Leute sowieso，意即会有足够的下一代为上一代支付退休金）。进入 21 世纪后德国出现少子化，养老金支付无以为继，世代合同面临"跳票"，再次反证当初艾哈德的正确。

这就是联邦德国第一任总理阿登纳与第二任总理艾哈德的根本区别。艾哈德并不反对照顾社会弱者，他反对的是高福利，他更反对建立"福利国家"。

所以，刘光耀先生认为把《Wohlstand für Alle》译为《大众福利》违背艾哈德本人理论和初衷，应当译为"共同富裕"。我非常赞成刘光耀先生的意见。我觉得更精确地讲，应当译为"人人富裕"或者"全民富裕"，因为"alle"意思是"所有人"，与"大众"或者"共同"，还是有区别的。

当然，翻译过程中误译却最后约定俗成变成标准的例子比比皆是，如 München 之译为"慕尼黑"和 Wien 之译为"维也纳"。所以，如果无法改变，继续沿用《大众福利》，也是没有办法的办法。不过，大家应当了解这个书名本来是个误译。这也是上面要说这么多的原因之一。本书作者王安信（阿希姆·瓦姆巴赫，Achim Wambach）教授是德国六大经济研究院之一曼海姆欧洲经济研究院院长，他是欧洲著名经济学家，也是德国总理智库"反垄断委员会"主席。作为多年好友，笔者受其委托，特作此后记。王安信教授坚信，在 21 世纪的数字化时代，全民富裕仍然是一个可以实现的目标，而其道路，就在于在数字化过程中坚守反垄断原则而保证市场竞争。

这本书，就是他这个思想的具体体现。

至于这本书能否像韦伯的《新教伦理与资本主义精神》和艾哈德的《大众福利》一样流传，还是交给读者来决定吧。

冯晓虎 2020 年 4 月 14 日

北京天堂书房

图书在版编目（CIP）数据

不安的变革：数字时代的市场竞争与大众福利／
（德）阿希姆·瓦姆巴赫，（德）汉斯·克里斯蒂安·穆勒
著；钟佳睿等译. -- 北京：社会科学文献出版社，
2020.10（2021.5 重印）
 ISBN 978-7-5201-7093-2

 Ⅰ.①不… Ⅱ.①阿… ②汉… ③钟… Ⅲ.①市场经
济-研究 Ⅳ.①F014.3

中国版本图书馆 CIP 数据核字（2020）第 146440 号

不安的变革：数字时代的市场竞争与大众福利

著　　者／〔德〕阿希姆·瓦姆巴赫　〔德〕汉斯·克里斯蒂安·穆勒
译　　者／钟佳睿　陈　星　等
校　　译／冯晓虎　谢　琼

出 版 人／王利民
责任编辑／恽　薇
文稿编辑／武广汉

出　　版／社会科学文献出版社·经济与管理分社（010）59367226
　　　　　地址：北京市北三环中路甲 29 号院华龙大厦　邮编：100029
　　　　　网址：www.ssap.com.cn
发　　行／市场营销中心（010）59367081　59367083
印　　装／三河市东方印刷有限公司

规　　格／开本：880mm×1230mm　1/32
　　　　　印张：7.5　字数：150 千字
版　　次／2020 年 10 月第 1 版　2021 年 5 月第 2 次印刷
书　　号／ISBN 978-7-5201-7093-2
著作权合同
登 记 号／图字 01-2020-5428 号
定　　价／69.00 元

本书如有印装质量问题，请与读者服务中心（010-59367028）联系